北京市属高等学校长城学者项目资助（编号：CIT&TCD20140319）

中国版权集体管理制度研究

芦世玲　著

中国财经出版传媒集团
中国财政经济出版社

图书在版编目（CIP）数据

中国版权集体管理制度研究/芦世玲著. —北京：中国财政经济出版社，2018.9

ISBN 978-7-5095-8446-0

Ⅰ.①中… Ⅱ.①芦… Ⅲ.①版权-制度-研究-中国 Ⅳ.①D923.414

中国版本图书馆 CIP 数据核字（2018）第 187526 号

责任编辑：周桂元　　　　　责任校对：胡永立
封面设计：孙俪铭　　　　　责任印制：张　健

中国财政经济出版社 出版

URL：http://www.cfeph.cn

E-mail：cfeph@cfeph.cn

（版权所有　翻印必究）

社址：北京市海淀区阜成路甲 28 号　邮政编码：100142
营销中心电话：88190472　88191537　北京财经书店电话：88580302
北京财经印刷厂印刷　各地新华书店经销
787×1092 毫米　16 开　6.75 印张　87 000 字
2018 年 11 月第 1 版　2018 年 11 月北京第 1 次印刷
定价：30.00 元
ISBN 978-7-5095-8446-0
（图书出现印装问题，本社负责调换）
本社质量投诉电话：010-88190744
打击盗版举报热线：010-88191661　QQ：2242791300

前　　言

版权集体管理组织作为一个社会组织参与版权日常授权与使用的交易管理，其存在的合理性在于能够减少版权交易成本，最大限度地体现版权所具有的经济价值。然而，中国版权集体管理制度由于集体管理组织虚弱的能力和作用而备受争议，争议的焦点集中在集体管理组织的设立与监督、集体管理组织与权利人及使用者的关系等问题。

考察两大法系具有代表性的国家各自版权集体管理制度运行情况，我们发现，在大陆法系的德国和普通法系的美国，版权集体管理制度的建立条件、运行机制均存在一定差异，其中一些差异正是目前中国版权集体管理制度建设中人们所争议的问题。可即便如此，德国和美国版权管理机制和版权集体管理机制均保持高水平的良性运转。由此可见，在现有实践基础之上，就集体管理制度实施目标而言，具体法律法规制定和运行机制的选择具有重要作用，但是它们未必是决定该制度成败的关键因素。

新制度经济学关于制度构成的观点认为，正式规则只有在社会认可，即与非正式规则相容的情况下，才能发挥作用。尽管地处欧洲大陆的德国和大西洋相隔的美国分属不同法系，但两者社会文化存在渊源传承，相较遥远的东方中国有着更为接近的社会约束。西方文化中对个人权利的尊重和法律至上的观念有效支持了包括集体管理在内的版权制度的顺利实施。而中国传统文化对农耕文明的推崇和对个人权利的忽视与现代版权文化应有之义存在深刻冲突。法律移植理论同样将决定法律制度运行好坏的关键因素指向制度文化的建设。版权文化是讨论中国版权制度问题无法回避的论题。

在理论层面，制度移植性能够降低制度变迁的成本。但是，制度移植的成功需要正式规则与非正式规则相容。中国版权制度伴随改革开放的进度迅速建立，制度建立之初便与国际接轨。不可否认的是，这一过程正是在外力推动下对西方版权制度的移植。制度移植的被动性导致版权制度的正式规则与非正式规则缺乏相容的基础。

中外版权文化形成的实践经验表明，对版权权利的认可是版权制度运行的基础，中国传统文化中的重农抑商、忽视权利、文以载道和述而不作等思想与习惯缺乏现代版权理念中对于版权权利基本的认可。版权集体管理本质上是对版权权利的调整。对于版权权利模糊的认知是导致版权集体管理制度失灵的重要原因。与此同时，传统的变易观和集体主义价值观对基于社会化大生产和现代契约精神的版权集体管理形成阻力，版权集体管理制度在中国更加难以正常运行。

因此，中国版权集体管理制度的完善，首先要面对的并不是关于该制度的争议，而是更深层面版权文化的建构。中国版权文化的建构需要对西方现代版权文化和中国传统文化进行双向调整，形成以利益平衡为核心的版权文化目标，基于国情的版权经济发展和政治力量推动是其路径支持。中国版权文化的建构不仅为包括集体管理在内的版权制度的顺利实施提供文化支持，同时也为版权集体管理组织及其运行提供方向和原则。以版权文化建构的目标与路径为参照，中国版权集体管理制度存在的争议或可得以平息，从而沿着更加清晰的方向完成自身优化、发挥其在版权保护中的独特作用。

本书由我 2015 年于中国传媒大学编辑出版专业毕业的博士论文修改而成。论文写作和书稿修改得到很多老师和朋友无私的帮助和支持，在此表达对他们诚挚的谢意。感谢我的博士研究生导师蔡翔教授和王关义教授在我学业上的指引和帮助。王关义教授在我完成博士学业后继续指导我进行博士后研究，本书的出版得到他承担的北京市属高等学校长城学者项目资助（编号：CIT&TCD20140319）。感谢中国传媒大学和北京印刷学院的诸多师友，囿于篇幅，他们的名字不再一一列举，然而，他们是我科研道路上温暖的陪伴。感谢中国财政经济出版社周桂元编审在两年多的时间里对我不断的提醒与鼓励，在我也加入编辑这个行业后，我尤其感受到编辑工作的不易，从而对周桂元老师除了感谢更多出一分敬佩。

受能力所限，书中难免有疏漏之处，请读者不吝批评指正！

芦世玲
2018 年 7 月

目 录

第1章 绪论 …………………………………………………………（ 1 ）
  1.1 研究背景和研究目的 ……………………………………（ 1 ）
    1.1.1 研究背景 ………………………………………………（ 1 ）
    1.1.2 研究目的 ………………………………………………（ 2 ）
  1.2 题目界定：研究对象和研究起点 ………………………（ 3 ）
    1.2.1 与研究对象相关的概念 ………………………………（ 3 ）
    1.2.2 研究的起点 ……………………………………………（ 8 ）
  1.3 文献综述 …………………………………………………（ 8 ）
    1.3.1 版权基本理论研究现状 ………………………………（ 8 ）
    1.3.2 版权集体管理组织建设研究现状 ……………………（ 9 ）
    1.3.3 版权集体管理制度运行机制研究 ……………………（ 12 ）
  1.4 研究方法和研究框架 ……………………………………（ 13 ）
    1.4.1 研究方法 ………………………………………………（ 13 ）
    1.4.2 研究框架 ………………………………………………（ 14 ）
  1.5 创新点和难点 ……………………………………………（ 15 ）
    1.5.1 创新点 …………………………………………………（ 15 ）
    1.5.2 研究的难点 ……………………………………………（ 15 ）

第2章 版权集体管理制度的合理性及其存在问题的辨析 …（ 16 ）
  2.1 中国现有版权管理体系的特点 …………………………（ 16 ）
    2.1.1 版权行政管理：基于利益平衡 ………………………（ 17 ）
    2.1.2 版权司法管理：一种"制度舶来品" …………………（ 18 ）
    2.1.3 社会组织管理：在版权经济刺激下缓慢成长 ………（ 19 ）
  2.2 版权集体管理的合理性及其边界 ………………………（ 20 ）
    2.2.1 版权集体管理的合理性论证 …………………………（ 20 ）
    2.2.2 版权集体管理的合理边界 ……………………………（ 24 ）

2.3　中国版权集体管理制度存在的问题辨析 …………………（26）
　　2.3.1　问题之一：半官方性质引发关于垄断和监督的
　　　　　　担忧 ………………………………………………（26）
　　2.3.2　问题之二：版权集体管理组织与权利人的关系
　　　　　　定位不清 ……………………………………………（29）
　　2.3.3　问题之三：集体管理组织与使用者之间围绕
　　　　　　"许可"产生争议 ……………………………………（33）

第3章　两种模式的版权集体管理活动考察——以德国、美国为例
　　　　　　　　　　　　　　　　　　　　　　　　……………（37）
　3.1　德国：版权集体管理的垄断模式 …………………………（37）
　　3.1.1　德国版权集体管理的定位 ………………………（37）
　　3.1.2　德国版权集体管理组织的设立与监督 …………（39）
　　3.1.3　德国版权集体管理组织的主要职能 ……………（40）
　　3.1.4　德国版权集体管理组织举例：GEMA ……………（41）
　3.2　美国：版权集体管理的自由竞争模式 ……………………（43）
　　3.2.1　美国版权集体管理的定位 ………………………（43）
　　3.2.2　美国版权集体管理组织的设立与监督 …………（45）
　　3.2.3　美国版权集体管理组织的主要职能 ……………（46）
　　3.2.4　美国版权集体管理组织简介 ……………………（47）
　3.3　国外版权集体管理模式对中国的启示 ……………………（51）
　　3.3.1　德国和美国版权集体管理的效果 ………………（52）
　　3.3.2　德、美两国版权集体管理模式对中国的启示 …（53）

第4章　中国版权集体管理制度失灵的原因——基于理论层面的
　　　　探讨 ………………………………………………………（55）
　4.1　成功的制度移植：正式规则与非正式规则相容 …………（56）
　　4.1.1　制度的可移植性论证 ……………………………（56）
　　4.1.2　制度移植的成功需要正式规则与非正式规则的
　　　　　　相容 ………………………………………………（57）
　4.2　制度移植的被动性导致集体管理正式规则与非正式规则
　　　　无法相容 …………………………………………………（59）
　　4.2.1　包括集体管理在内的中国版权制度是被动移植的
　　　　　　产物 ………………………………………………（59）

4.2.2　中国现代版权制度建立的被动性特征 …………（61）

第5章　中国版权集体管理制度失灵的原因——基于实践经验的考察 …………………………………………………………（64）
　5.1　制度运行的一般经验：对版权权利的认可是版权制度运行的基础 ……………………………………………（65）
　　5.1.1　西方商业文化和法治理念是现代版权文化形成的基础 ………………………………………………（66）
　　5.1.2　中国传统文化与现代版权理念存在冲突 ………（72）
　5.2　制度失灵的特殊经验：传统的变易观和集体主义价值观对版权集体管理制度运行形成阻力 ……………（76）
　　5.2.1　循环与恒久意识排斥社会化大生产的发生 ……（77）
　　5.2.2　集体主义价值观不符合版权集体管理制度人际契约关系要求 ………………………………………（79）

第6章　中国版权集体管理制度的完善 ………………………（82）
　6.1　宏观层面：双向调整下的版权文化重构设想 ………（83）
　　6.1.1　对西方版权制度进行中国化解读 ………………（83）
　　6.1.2　挖掘中国传统文化的现代性因素 ………………（84）
　6.2　中观层面：国家治理过程中版权文化建设的路径选择 …（85）
　　6.2.1　版权文化的建设有赖于版权经济的内生驱动 …（85）
　　6.2.2　版权文化的建设有赖于政治力量的外部推动 …（86）
　6.3　微观层面：版权集体管理组织的优化 ………………（87）
　　6.3.1　政府间接介入集体管理组织的设立与监督 ……（88）
　　6.3.2　关于权利人与集体管理组织之间的关系 ………（89）
　　6.3.3　关于集体管理组织与使用者之间的关系 ………（90）

第7章　结论 ……………………………………………………（92）

参考文献 ………………………………………………………（94）

第1章

绪　　论

1.1 研究背景和研究目的

1.1.1 研究背景

版权集体管理制度是版权制度体系中的重要组成部分。实践证明，相较于个人管理，集体管理在降低成本、提高效率等方面均更具优势。特别是在那些作品使用规模巨大、使用者数量难以计算的情况下，集体管理制度为权利人顺利获得报酬、使用者便捷接触作品提供了几乎是唯一有效的途径。中国版权集体管理制度始于20世纪90年代，相较于该制度在西方200多年的发展历史，中国尚处于起步阶段。随着传播技术的进步，版权交易频繁发生，版权意识逐渐形成，在日趋复杂的传播环境中，集体管理制度在版权保护中的作用备受期待。相关法律法规的出台也为该制度设定了目标与规范。目前，中国拥有中国音乐著作权协会、中国音像著作权集体管理协会、中国文字著作权协会、中国摄影著作权协会和中国电影著作权协会五家版权集体管理组织，业务范围基本覆盖版权作品使用的主要领域，在保护作者权益、促进作品传播等方面逐渐发挥了积极作用。

然而，不可否认的是，中国版权集体管理制度正面临发展的瓶颈。一方面，巨大的版权市场急需一套行之有效的组织管理模式；另一方面，被寄予厚望的集体管理制度遭受权利人、使用者以及社会公众的普遍质疑，处境尴尬。首先，就集体管理活动中形成的有关版权观念而言，中国版权权利人、使用者和社会公众的版权意识不断增强，但是仍然存在较大的提升空间。版权侵权、盗版现象依然较为常见。其次，就集体管理制度中法律、法规以及其他规范性文件的制定和实施而言，尽管版权集体管理制度在中国已有二十余年的建设和发展历程，但时至今日，许多人对这一制度并不了解。在实践中，诸多权利人和使用者对于版权集体管理制度以及版权集体管理组织的运行机制并没有多少了解，某些情况下甚至会发生误解。最后，就集体管理制度运行机制而言，在集体管理组织的设立、授权模式的选择、收费与付费原则的制定、监督与仲裁机构的设立等方面均存在较大争议或者不确定因素。随着传播技术的发展，版权交易量急速增加，在新的利益格局和体系下，兼顾各方权益，使之达到相对平衡稳定是版权管理制度的基本要求。正在发展中的集体管理制度存在着诸多变数，需要研究者找出集体管理制度发展的瓶颈所在，为其未来发展提供理论支持和实操性建议。

1.1.2 研究目的

本书研究的目的，首先在于发展和完善版权集体管理制度基础理论。作为一种舶来的经验，版权集体管理制度在中国发展缓慢的重要表现在于集体管理组织不被接受与认可，甚至形同虚设。正是理论基础的脆弱与模糊令版权集体管理制度自建立之初便存在无源之水、无本之木的问题，致使在当下版权保护迫切需要该制度发挥作用的时候，该制度却完全无力承担。本书试图对集体管理制度的理论进行深入论证，尽可能找寻到中国版权管理制度失灵的理论根源。

其次，本书研究最终的落脚点在于中国版权集体管理制度发展的现实，通过对国外版权集体管理制度的考察，分析中国版权集体管理制度的发展趋势，总结可借鉴的实践经验，探索建立中国版权集体管理制度的路径。

1.2 题目界定：研究对象和研究起点

1.2.1 与研究对象相关的概念

(1) 版权

版权是指作者及其他权利人对文学、艺术和科学作品享有的权利。版权也称为著作权，是一种财产权。"财产分有形的和无形的，版权是无形财产的一种，同时，版权又是一种私有财产权。"① 对于版权财产属性的强调，说明或显示"利益平衡"才是版权集体管理制度设计的基本准则。

私有财产权指私人所有的以财产利益为内容、直接体现财产利益的民事权利。对于权利人而言，作为私有财产权的版权是一种经济利益。而对于公众而言，知识信息的自由传播符合人们对于知识信息的需求和社会文明的进步。在中国现阶段知识生产还不发达，两种利益的不平衡已成为社会框架下的结构性矛盾。这种结构性矛盾在短时期内不可能彻底破解，只能通过利益平衡的调控来加以引导和制约。② 利益平衡是在一定的利益格局和体系下出现的利益体系相对和平共处、相对均势的状态。版权利益平衡指权利人专有权利与社会公众合理需求之间的平衡。它反映的是社会关系的普适性真理，代表着一种稳定的状态和均衡的格局。版权利益平衡理论最基本的主张是版权管理制度设计应立足于版权与社会公众权利及相关的个人利益与社会公众利益等社会多元利益之间的关系。③ 在版权集体管理制度中，利益主体更加细化和多元。权利人、版权集体管理组织、使用者、社会公众分别作为版权价值链的不同环节，拥有不同的利益诉求和价值目标，要实现价值链的通畅，唯有要求多元主体的利益平衡。版权集体管理制度的利益平衡准则就是要通过制度的力量来协调各方面冲突，使相

---

① 阎晓宏. 关于版权经济价值的三个认识 [J]. 现代出版，2014 (05).
② 彭辉. 基于文化产业发展的版权保护优化研究 [D]. 同济大学，2011.
③ 吴汉东. 知识产权基本问题研究 [M]. 北京：法律出版社，2005：108.

关各方的利益在共存和相容的基础上达到平衡或优化状态。

(2) 关于"著作权"和"版权"

版权制度根据不同法系可以分为四类：普通法系版权制度、大陆法系版权制度、混合法系版权制度以及其他法系版权制度。

版权法制度是普通法系中的一般称谓，即 the law of copyright。典型的代表国家和地区有英国、美国、澳大利亚、新西兰、加拿大以及我国的香港特区。普通法系版权法制度相对更注重作品的财产性质，认为作品与有体物财产一样，是创作者的财产，重交易和使用。普通法系传统上认为版权仅指财产权，有关作者的人身权由其他法律来保障。

著作权法通常是大陆法系中的一般称谓，即保护作者的法律，the right of authors。代表性的国家有法国、德国、意大利、阿根廷、巴西等其他南美洲国家。大陆法系著作权法律体系中，著作权具有人身权和财产权两种属性。

混合法系，顾名思义，指具有普通法系、大陆法系两大法系共同特点的法律体系。中国的著作权法律制度在内容和结构上更接近大陆法系的著作权法律制度，但是一些条款也采纳了普通法系的思想，同时在司法实践中，美国的判例常常用来帮助我们理解著作权法。《中华人民共和国著作权法》（以下简称《著作权法》）颁布于1990年，是移植其他国家的制度而制定出来的。在移植的过程中，大陆法系成文法条相对于普通法系的判例，更容易实现法律的移植，同时也更适合中国法制建设的整体框架，因此，中国的著作权法律制度受到大陆法系影响更大。而在大陆法系著作权制度的基础上吸收普通法系版权制度的合理之处则能够发挥后发优势。1986年，在著作权法拟订阶段，《国家版权局关于版权法内容的建议要点》指出，中国版权立法应该吸收不同法律体系国家版权法的优点并结合中国宪法，制定出一部适合中国国情的版权法。由此可以认为中国的这一制度属于混合法系的版权制度，中国现行《著作权法》在立法过程中，在第十八稿之前都使用"版权法"，之后使用"著作权法"，这主要出于三点考虑：第一，版权容易被理解为出版社的权利，当时包括出版部门和一些立法机构的工作人员都把版权理解为出版权，"著作权"更容易被作者所接受；第二，中国历史上第一部著作权法为《大清著作权律》，此后法学界多使用"著作权"，使用"著作权法"是考虑到历史的衔接和法学界的要求；第三，中国台湾地区使用"著作权法"，为避免误解、易于交流，最终使用《著作权法》。[①]《著作权法》第五十一条明确规定：本法所称的著作权与版权系同义语。

本书研究的集体管理制度基于法律规定，所涉权利均为财产权，因此使用同样强调财产权的普通法系"版权"的称谓，并不否认版权具有精神权利的属性。

（3）版权集体管理

世界知识产权组织（WIPO）定义版权集体管理是"集体管理组织为了著作权人的权益代其管理著作权和邻接权"。这一定义较为概括地表明了集体管理的宗旨和职能。

版权集体管理作为版权保护的具体实践，各国依据自身政治、经济、文化发展的实际情况，对其有具体的要求和规定。中国版权集体管理的相关规定主要来自《著作权法》和《著作权集体管理条例》（以下简称《条例》）。《著作权法》第八条规定："著作权人和与著作权有关的权利人可以授权著作权集体管理组织行使著作权或者与著作权有关的权利。著作权集体管理组织被授权后，可以以自己的名义为著作权人和与著作权有关的权利人主张权利，并可以作为当事人进行涉及著作权或者与著作权有关的权利的诉讼、仲裁活动。"《条例》第二条规定："本条例所称著作权集体管理，是指著作权集体管理组织经权利人授权，集中行使权利人的有关权利并以自己的名义进行的下列活动：（一）与使用者订立著作权或者与著作权有关的权利许可使用合同；（二）向使用者收取使用费；（三）向权利人转付使用费；（四）进行涉及著作权或者与著作权有关的权利的诉讼、仲裁等。"

根据以上法律法规对于版权集体管理的规定，我们可以认为版权集体管理具有下列属性：一是基于与权利人订立许可使用合同的授权；二是以信托关系为基础；三是许可使用费用的中转机构；四是具有诉讼、仲裁职能。

（4）版权集体管理组织

《条例》第二条规定："本条例所称著作权集体管理组织，是指为权利人的利益依法设立，根据权利人授权、对权利人的著作权或者与著作权有

[①] 吴伟光. 著作权法研究：国际条约、中国立法与司法实践[M]. 北京：清华大学出版社，2013：15-19.

关的权利进行集体管理的社会团体。"据此，我们可以认为著作权集体管理组织具有下列属性：一是依法设立；二是基于授权行使其职能；三是组织属性为社会团体。

基于前述对于著作权、版权集体管理以及版权集体管理组织概念的分析、总结，可以认为，考察版权集体管理组织其自身管理和组织运行，可以从以下 5 个方面来进行：①管理职能的行使是否基于与权利人订立许可使用合同的授权；②管理职能的行使是否基于权利人对集体管理组织的信赖而将自己的相关权利交于集体管理组织管理、集体管理组织是否承诺为权利人的最佳利益而行为或为了双方的共同利益而行为；③许可使用费用的收取与支付是否畅通、合理；④是否履行诉讼、仲裁职能；⑤集体管理组织与政府的关系。

（5）制度

在诺思看来，制度是人类社会的游戏规则，确切地说，制度是某些人为设定的制约，它决定人们的相互作用。人们不断在社会、政治和经济等方面发生交换，制度所建构的激励机制是这些交换过程得以顺利完成的保证。制度决定了社会演进的方式，因此，制度是理解历史变迁的关键。[①] 诺思将制度分为三个部分：正式规则、非正式规则和这些规则的执行机制。正式规则又称正式制度，是指国家或者统治阶级等依据一定的目标和程式自觉制定的一整套契约等法律规定和政治、经济规则，以及由这些规则构成的某种社会等级结构。正式规则包括宪法、普通法，具体的成文规定和个人约定等等。这些正式规则共同对人们行为形成激励和约束。非正式规则存在于人们的长期实践中，是一种不自觉的形成却具有强大的影响力。非正式规则是一种可以被传承的文化，并构成世代相传的文化的一部分，涉及伦理规范、价值信念、风俗习惯、道德观念及意识形态等因素。执行机制是为了确保正式规则和非正式规则得以实施的相关制度设计，它是制度安排中的重要一环。正式规则、非正式规则和执行机制共同组成制度内涵的有机体。

（6）交易成本

交易成本泛指一切为促成交易发生而产生的成本，因此很难对其做出

---

① ［美］诺思著. 制度、意识形态和经济绩效［M］. 杭行译. 上海：格致出版社，2008：110.

准确的界定和列举。威廉姆森对交易成本做出一个形象的比喻，他描述交易成本为"经济世界中的摩擦力"，是经济系统运转所要付出的代价或者费用。在科斯看来，交易成本包括交易双方谈判的费用、签约的费用以及监督费用和解决纠纷的费用。科斯在《社会成本问题》一文中提出对交易成本进行削减的办法，即设立企业。他认为，"采用一种替代性的经济组织形式能以低于利用市场内的成本而达到同样的结果，这将使产值增加……企业就是作为通过市场交易来组织生产的替代物而出现的。在企业内部，生产要素不同组合中的讨价还价取消了，行政指令替代了市场交易。那时，无须通过生产要素所有者之间的讨价还价，就可以对生产进行重新安排。"科斯在这里描述了企业的性质。

  法律经济学的研究建立在这样的信念之上，即经济学是分析一系列法律问题的有力工具。科斯在《社会成本问题》一文中曾说："一旦考虑到进行市场交易的成本，那么显然只有这种调整后的产值增长多于它所带来的成本时，权利的调整才能进行……在这种情况下，合法权利的初始界定会对经济制度的运行效率产生影响。一种权利的调整会比其他安排产生更多的产值。但除非这是法律制度确认的权利的调整，否则通过转移和合并权利达到同样后果的市场费用如此之高，以至最佳的权利配置以及由此带来的更高的产值也许永远也不会实现。"[①]

  这一表述从经济学的角度验证了版权权属界定的必要性。根据科斯定理，在交易成本为零的情况下，权利的初始界定并不能影响资源的配置，并且自由的市场交换最终将使资源配置达到帕累托最优。然而，正如科斯所分析，如果没有法律制度来确认权利的界定，任凭市场对权利进行转移与合并从而达成资源配置，那么这一过程中将产生高昂的交易成本，这一成本的存在可能无法使资源的配置达到最优，也无法带来产值的增加。

  当我们把版权置于交易成本理论的研究视野之下，我们能够考察到权利人和使用者双方在达成版权交易过程中所产生的交易成本，进而尝试将版权集体管理组织作为通过市场交易来完成版权价值实现的"替代物"，通过分析检验集体管理组织对于版权交易过程中交易成本的削减作用来论证版权集体管理的合理性。

[①] [美] 罗纳德·科斯. 财产权利与制度变迁，载自社会成本问题 [M]. 刘守英等译. 上海：上海三联书店，1999：136.

1.2.2 研究的起点

根据上述诺思关于制度构成的观点,中国版权集体管理制度包含三个方面内容。其一为正式制度部分,即国家为了促进版权集体管理制度发展,规范版权集体管理行为而制定的一系列法律、法规规章和其他规范性文件;其二为非正式制度部分,即版权集体管理活动中形成或体现出来的有关版权方面的心理、观念、伦理道德、经验体会及文化积淀等;其三为实施机制,即为了保障正式制度与非正式制度的贯彻实施而实行的集体管理运作模式即版权集体管理组织及其运行。这三部分构成一个完整的"版权集体管理制度"内涵。本书以制度构成为分析工具,从正式规则、非正式规则和实施机制三个维度深入、系统地分析中国版权集体管理制度存在的问题,为破解版权集体管理制度困局提供理论支持。

1.3 文献综述

版权集体管理制度是版权保护实践的产物,因此,相关版权基本理论的阐述是人们对版权集体管理制度得以深刻理解和准确认识的基础。而对于这一制度相关概念及它们之间相互关系的讨论,其出发点和落脚点均离不开与版权权利相关的活动在现实中遇到的问题的发现、原因的揭示和对策的讨论。相关文献梳理如下:

1.3.1 版权基本理论研究现状

版权首先是一个法学概念。法学界对于版权基本理论的讨论更加关注权利的主体、客体类型、权利限制、侵权责任在法理上的认定。比较有代表性的观点有:韦之在《论著作权集体管理机构管理的权利——关于著作权法修订稿的思考》一文中认为,版权是一种绝对的私权,从保护个人权利的原则出发,版权应由作者(或其他权利人)来直接行使,但是随着社会关系日趋复杂,个人行使其私权的自由受到越来越多的限制,集体管理机构的出现也是对版权在一定意义上的限制。① 这一观点以版权的限制来理解版权集体管理，可以认为是版权集体管理制度的法理学依据。

在出版学领域，涉及版权管理和保护的研究从版权的经济价值出发对版权的内涵进行阐释。阎晓宏强调版权的经济价值。他认为版权是一种私有财产权，版权的价值因经济活动而产生。在知识经济中，版权是最活跃的一部分。② 这一观点将版权置于版权产业经济视角下，为版权集体管理组织在现代版权交易中的中介性质的认定奠定了坚实的理论基础。

1.3.2 版权集体管理组织建设研究现状

（1）中外版权集体管理组织框架

一些研究者或介绍国外集体管理组织的设立及运行，或将中国集体管理组织作为新兴事物进行推介，其目的是通过对集体管理组织的研究促成中国集体管理制度的发展。如高思撰写的《1995 年德国著作权集体管理协会简况》（《著作权》1997 年第 2 期）；国家版权局编辑的《著作权的管理和行使文论集》（上海译文出版社 1995 年版）；蒋祎撰写的《美、日集体管理制度对我国著作权保护的启示》（《特区经济》2008 年第 7 期）；孙建红撰写的《音乐著作权的集体管理》（《中国出版》1993 年第 11 期）等。此类研究有些按照国别，力求全面展示所研究国家各个领域的著作权集体管理组织，有些则选择某一领域，尽可能展示多国著作权集体管理组织在该领域的版权管理工作。如杨照光、叶新在《国际音乐著作权集体管理组织发展近况》一文中，从会员数量和费用收取分配的角度介绍了国际词作家作曲家协会联合会（CISAC）以及美、英、德、法、日等国音乐版权集体管理组织的发展近况。③

总体而言，这一类别的研究，或者出于研究者对于某国或者某领域版权集体管理制度研究的兴趣，或者出于对所介绍经验完整性的追求，研究成果呈现与中国版权集体管理制度一定的割裂性和疏离感，这一研究的缺陷提示我们在对相对成熟的版权集体管理制度进行借鉴时，可以以自身组

---

① 韦之. 论著作权集体管理机构管理的权利——关于著作权法修订稿的思考 [J]. 法商研究. 1999（03）.
② 阎晓宏. 关于版权经济价值的三个认识 [J]. 现代出版，2014（05）.
③ 杨照光，叶新. 国际音乐著作权集体管理组织发展近况 [J]. 出版参考，2012（03 上）.

织建设的具体措施为本，有针对性地去研究、借鉴相关经验。

（2）版权集体管理组织功能

1992年前后，伴随中国第一家版权集体管理组织——中国音乐著作权协会的成立，出现一批关于版权集体管理组织功能探讨的文章。面对当下数字出版浪潮，研究者的目光更多地被版权集体管理组织未来的趋势所吸引。张洪波在《加强著作权集体管理，完善作者授权通道》一文中认为，数字网络侵权纠纷迭起的根本原因在于数字版权授权渠道不通畅，而版权集体管理组织能够在此发挥作用，同时辅以维权能够有效保护版权。① 而陈凤兰在《数字环境下著作权集体管理组织角色重构》一文中指出，在数字环境下，版权利用出现"去中介化"趋势，集体管理组织需要变换角色、重新定位，在多媒体作品领域、孤儿作品、新兴作品利用形态等特殊领域继续发挥作用。②

正如上述两例具有代表性的研究，对于数字时代，版权集体管理制度究竟扮演何种角色，研究者们见仁见智，甚至观点截然不同。而涉及此论题的研究，数量不在少数，却没有形成至少一种主流观点，这其中的原因值得深思。认为数字时代版权集体管理组织将有更大作为的观点更多是基于对版权集体管理组织规模化授权的便利性与数字时代海量信息传播的契合度的认识，而相反的观点则基于对数字技术下单独授权的憧憬和信仰。但是，这两种观点都对于中国传统版权集体管理制度先天不足缺乏认识。版权集体管理组织及其运行尚需要调整完善，数字时代版权集体管理组织何去何从，更具有说服力的回答不在未来，而在当下的调整措施能否从根本上完善其运行，使其在不断发展变化的传播实践中对于版权保护发挥独特作用。

（3）版权集体管理组织与政府关系研究

关于中国版权集体管理组织与政府的关系，目前在学界存在争议，争议的焦点直指《条例》的相关规定。《条例》第九条和第十条规定著作权集体管理组织的设立需要得到国务院著作权管理部门审批，审批通过后需要到国务院民政部门办理登记手续。一些学者据此认为，中国版权集体管理组织的设立存在双重审批，其性质模糊，不利于职能的发挥。

---

① 张洪波. 加强著作权集体管理，完善作者授权通道［J］. 传媒，2010（08）.
② 陈凤兰. 数字环境下著作权集体管理组织角色重构［J］. 中国出版，2013（10）.

汤兆志在《中国著作权集体管理法律制度的理论与实践》一文中使用大量篇幅重点讨论了这一问题。该作者认为，中国的著作权集体管理制度还处在发展的初级阶段，政府相关部门应该从完善制度、有效监管、加强扶持、改善环境、引进经验等方面入手，进一步完善著作权集体管理制度。①

李香玉在《延伸性著作权集体管理研究》一文中认为，著作权集体管理组织官方性产生的原因在于权威性是著作权集体管理组织工作的基本前提。对于建立著作权集体管理制度时间不长的国家而言，树立该组织权威的简单而快捷的办法就是给予其一定的官方性，所以一般多将其定位为官方或半官方机构。官方性会随着组织的发展逐渐被政府职能的社会化所取代。政府职能的社会化是指政府原先扮演的角色将越来越多地由社会自己来承担，并不代表国家的作用完全退出，减少的只是直接的干预，而非间接的管理。李香玉认为中国著作权集体管理组织是一种半官方的组织，垄断性是客观存在的，如何保证这种垄断在合法的范围，亦即防止集体管理组织滥用权力是需要重点思考的问题。②

深入分析以上两位具有代表性的作者对此问题的观点，我们发现争议实际上是可以避免的。《条例》规定中国版权集体管理组织的性质为社会团体。《社会团体登记管理条例》规定，成立社会团体必须提交业务主管部门的批准文件。业务主管部门是指县级以上各级人民政府有关部门及其授权的组织。社会团体实际上附属在业务主管部门之下。社会团体是当代中国政治生活的重要组成部分。中国目前的社会团体都带有准官方性质。由此可见，中国关于版权集体管理组织设立的程序，并不存在与现行法律法规的矛盾之处。版权集体管理组织是半官方或者准官方性质，其内在逻辑在于中国的版权集体管理制度还处在发展的初级阶段，需要官方性质赋予其权威性。

从现有参与版权集体管理组织性质讨论的学者的论述来看，质疑者混淆了中国社会团体与国际上版权集体管理组织较为成熟的国家对其组织以民间组织的定位。一些研究者未经过深入探究便人云亦云。因此，对于这一问题，学界的争议并不具有关注的价值。值得关注的是，对于版权集体管理组织的监督，作为半官方性质的组织，对其监督是否需要第三方组织来进行，借鉴他国经验或许会为我们找到出路。

---

① 汤兆志．中国著作权集体管理法律制度的理论与实践［J］．中国出版，2014（02）．
② 李香玉．延伸性著作权集体管理研究［J］．法学杂志，2013（08）．

1.3.3 版权集体管理制度运行机制研究

(1) 宏观角度对于版权集体管理制度运行机制的研究

一些学者对于中国版权集体管理制度运行机制采用不同的研究方法来进行宏观视角的观察和解读，力求全面地发现现行版权集体管理制度运行机制存在的问题。

张维胜在《延伸著作权集体管理的规定应当取消——音乐人对著作权法修改草案的若干意见》一文中借对第三次著作权法修改草案的讨论，以犀利的笔触描述了音著协在运行中的问题，其主要观点包括音著协推进集体管理事业进展慢、效率低；引入商业运作涉嫌违法；重收费轻分配导致服务质量低等。[①]《著作权集体管理在司法实践中的问题（上、下）》以326 份涉及集体管理组织的案例文书为研究对象，较为深入地讨论集体管理组织案件的特点和相关法律问题并提出针对性建议。[②][③]

相比较于诸多关于版权集体管理制度运行机制宏观观察的文章存在的讨论较为宽泛、流于表面的问题，以上两类研究较有特色，并且能够反映现实、接近真相，其为我们提供了研究方法的可借鉴之处。通过还原实践当中的故事或者分析案例，能够获得对版权集体管理制度运行机制更深刻的认识。

(2) 微观角度对于版权集体管理制度运行机制的研究

更多的研究者采用微观视角来观察版权集体管理制度运行机制。研究者往往选取一些焦点问题作为研究对象。目前的研究，已经形成较为集中的若干论题。

对于延伸性版权集体管理制度研究借由著作权法第三次修改草案的相关条款集中展开。一些学者以较为温和客观的态度对其概念和特点进行剖析，从经济学、法学和现实角度对引入延伸管理制度的有益性进行了探讨。[④] 还有一些研究者以理性批判的态度对著作权延伸性集体管理制度提出质疑，

---

① 张维胜. 延伸著作权集体管理的规定应当取消[J]. 编辑之友，2012（10）.
② 林子英. 著作权集体管理在司法实践中的问题（上）[J]. 中国出版，2013（05）.
③ 林子英. 著作权集体管理在司法实践中的问题（下）[J]. 中国出版，2013（05）.
④ 李香玉. 延伸性著作权集体管理研究[J]. 法学杂志，2013（08）.

从制度的起源分析延伸性集体管理制度的性质，认为其作为一种权利的限制，将放大现行著作权集体管理制度的立法缺陷，影响运行效果。①

此外讨论版权集体管理组织与权利人关系的研究也有一定数量，多数研究集中在两者之间信托关系与代理关系的选择。②

对于在微观视角下选取一个焦点问题进行观点阐述反映了研究者的兴趣往往随版权集体管理制度变化而变化，整体而言，此类研究呈现较为明显的灵活性，甚至对于相同的问题，如版权集体管理集中许可制，研究者基于不同时期对于实践变化的观察而得出不同的观点。这也反映出中国版权集体管理制度自身及其所处的环境是在不断变化和调整的，而研究者的思考更应该冷静、深入，力求接近问题本质。二十余年间，大量热衷于焦点、热点问题的分析带来版权集体管理制度研究无法弥补的缺陷，即大量研究各自为战，自求突破，却忽视了版权集体管理制度研究的系统性，难以对现有制度存在的问题做出全面、深入的判断，因而自然很难找到解决版权集体管理制度运行困境的对策。这为本书的研究提供了空间。

1.4 研究方法和研究框架

1.4.1 研究方法

(1) 文献分析方法

本书综合运用史学方法、观察方法等科学方法，对版权集体管理制度进行系统、周密的研究，并对实践中围绕版权集体管理制度所发生的案例进行解剖，发现和总结理论观点、提炼规律性知识，在充实和完善版权集体管理制度理论架构的同时，关注相关制度的实际运用和研究的意义。

---

① 卢海君，洪毓吟. 著作权延伸性集体管理制度的质疑 [J]. 知识产权，2013 (02).
② 王华. 集体管理组织与权利人法律关系的重新定位 [J]. 华北电力大学学报（社会科学版），2013 (10).

（2）比较研究方法

运用比较研究方法将为具体问题的研究和解决提供更为广阔的视野。中国现行版权集体管理制度尚不完善，比较、分析、吸收和借鉴其他国家或地区相关制度发展的经验将有助于将不同的思维方式应用于对中国版权集体管理制度的分析当中，为改进中国版权集体管理制度提供更多可供参考的角度。

（3）历史分析方法

本书研究版权集体管理制度的历史发展进程，通过对史料的分析论证，把握版权集体管理制度的发展趋势。

1.4.2 研究框架

本书对中国版权集体管理制度存在的问题、原因、对策进行全面讨论。研究框架为：提出问题——分析原因——寻找对策。

中国版权集体管理制度的问题在于，由于版权集体管理组织虚弱的存在感而导致这一制度备受争议。争议的焦点集中在版权集体管理组织的设立与监督、集体管理组织与权利人及使用者的关系等问题。

新制度经济学中制度构成理论为我们提供了分析工具。本书尝试从传统、习俗等非正式规则、法律法规等正式规则以及版权集体管理组织的运行即实施机制这三个维度进行深入讨论，探究版权集体管理制度在中国无法顺利实施的根源，寻找制度优化的路径。

本书第 1 章为研究的背景和研究对象的界定；第 2 章论证版权集体管理制度的合理性，描述其在中国实践中存在的问题；第 3 章对国外版权集体管理制度运行的典型案例进行深入考察；第 4 章运用制度构成理论及法律移植理论对中国版权集体管理制度运行失灵的原因在理论层面进行探讨；第 5 章就理论研究指向的中国版权集体管理制度失灵的原因即中国版权文化的局限性进行实践层面的考察；第 6 章为中国版权集体管理制度优化提供思路。由此，形成提出问题——分析成因——寻找对策这样一组逻辑架构。

1.5 创新点和难点

1.5.1 创新点

(1) 理论工具的创新

本书试图融合法学、经济学等相关理论工具，通过不同学科理论观点的碰撞，重新认识版权集体管理制度，分析中国版权集体管理制度失灵的原因，以期在理论视角上有所突破。是为理论工具的创新。

(2) 研究对象的创新

本书采用新制度经济学关于制度构成的观点和法律移植理论对中国版权集体管理制度失灵的原因在理论层面进行探讨，并就理论研究所指向的中国版权集体管理制度失灵的原因即中国版权文化的局限性进行实践层面的考察，指出对版权权利的认可是版权制度运行的基础，而传统农耕文化循环和恒久意识的变易观对社会化大生产的排斥以及集体主义价值取向与人际契约关系的冲突是导致中国版权集体管理制度失灵的原因。

1.5.2 研究的难点

第一，本书涉及出版学、法学、经济学等学科理论，跨学科研究对于学科间理论黏合度提出要求，研究的难点在于避免出现学科理论与版权管理现实之间的脱节和学科理论之间的错位，在论证和分析中保证逻辑的严密性。

第二，本书研究的目的在于找出我国版权集体管理制度运行不良的症结所在，对版权集体管理制度现实存在的诸多问题进行准确分析。业内经验的缺乏使笔者对于问题感知与捕捉的灵敏度存有欠缺。

第2章

版权集体管理制度的合理性及其存在问题的辨析

2.1 中国现有版权管理体系的特点

"法治"被提升到当代中国社会主义核心价值观的高度，体现的是中国社会发展的方向。所谓法治，"立法上的切合社会的实际需求，行政体系在执行法律过程中的依法行事和富于效率，公民法治意识的养成和渐次提高，等等，都是题中应有之义。"① 具体到版权的管理，中国已经建立起一套较为系统、完整的管理体系。

1949年新中国成立以后，中国的政治、经济、文化逐步迈入正常发展轨道。特别是20世纪70年代末期改革开放政策的实施，有力推动了国家各项事业的快速前进。包括图书、音乐、影视等文化产品生产在内的出版业在80年代迎来前所未有的繁荣景象。各类原创、改编、引进版图书不断出版、再版、重印，数量众多的音乐、影视等视听作品广为传播。在相当长的时期内，版权完全不在出版业以及社会公众的认知范畴。1985年，国务院设立国家版权局，与国家出版局为同一机构、两块牌子，自此，被忽视多年的版权事务正式进入国家行政管理体系，1991年，《中华人民共和国著作权法》实施，具有国家强制力的司法手段的介入为中国版权的规范

---

① 贺卫方.中国司法管理制度的两个问题[J].中国社会科学.1997 (06).

管理掀开新的篇章。与此同时，在司法保护与行政执法的双轨体制外，来自民间的社会组织在国家法律法规框架下积极开展版权维权活动，并发挥越来越大的作用。中国基本形成行政、司法和社会组织三方面力量的版权配合管理。

2.1.1 版权行政管理：基于利益平衡

解释版权行政管理的合理性需要面对一个矛盾，即版权的私权本质与公权介入之间的矛盾。

存在的一个前提是，版权的私权性质在中国已经得到承认。

如绪论所述，版权是一种私有财产权，是作者在作品完成之后自动获得的一种权利。作为一种民事权利，版权本质上具有私权属性。从版权受到保护的历史来看，版权最初体现为出版商垄断的权利。1709年，英国颁布《安娜法典》，确认了版权是作者享有的权利，该法典被公认为现代版权制度的开端。在市场经济条件下，确认版权的权属尤为重要。作品作为一种精神劳动产品，其生产过程消耗作者时间、精力、物质资料以及放弃创作之外从事其他生产的成本，如果没有相应的财产权，就不存在负担这些成本的激励，因为负担这些成本得不到合理的报酬。只有划分和确认作品使用的排他权，才可能使作品的创作成本得到合理补偿，从而产生适当的激励，催生更丰富的作品。

此外，版权的私权性质也体现在一些国际公约当中。《与贸易有关的知识产权协议》（TRIPS）明确规定包括版权在内的知识产权为私权，并要求全体成员承认。2001年12月11日，中国正式加入世界贸易组织（WTO），同时履行TRIPS规定的义务。因此，不论从人们对于版权的认识还是中国版权保护的实际行动上来看，版权的私权性质在中国已经得到承认。

版权具有私权的本质属性，但这并不意味着它对于公权介入的完全排斥。随着现代版权制度的发展，版权兼具私权和公权属性的判断得到广泛认可。而事实上，在现代版权制度建立之初，人们已经不把版权看作一种绝对的私权。《安娜法典》全称《为鼓励知识创作而授予作者及购买者就其印刷成册的图书在一定时期内之权利的法案》，规定了版权是权利人在一定时期内享有的权利，这是版权有别于一般私权的显著特征，也是版权公权属性的体现。

版权的公权属性来源于该权利保护客体的公共产品属性。作品从创作过程的消耗来看，投入的时间、精力、物质资料以及放弃创作之外从事其他生产的成本均来自特定和具体的人，但是，就其使用价值所体现的精神内容而言，现代社会任何一种作品的创造无不是建立在对全社会知识的利用和人类文化遗产的传承之上，与此同时，任何一种作品的创造，也将积累全社会知识、丰富全人类文化，惠及公众。从这一角度讨论，将版权视为神圣不可侵犯的私有权利并不符合社会进步和公众福祉的需要。现代版权立法所秉持的利益平衡原则正是要在版权私权属性和公众利益之间寻找到一个适度的分寸来保持对作者的激励和对公众利益的满足。

中国社会不缺乏对于版权公权性质的认识。新中国成立后相当长的一段时期，甚至不承认包括版权在内的知识产权为私权。这是偏重社会公众利益而忽视私人权利的传统以及对通过科技、文学、艺术创造来谋求快速发展的迫切需要所致。在作者权利与公众利益之间寻求平衡、防止极端。对于中国版权行政管理而言，在于介入的方式是直接管理还是间接引导，介入的内容是宏观政策的制定还是对具体权利的干预。

行政管理是中国版权管理的重要构成。中国政府进行版权行政管理的部门为国家版权局及其领导的地方版权局。国家版权局设立于1985年，自设立之日至今一直与国务院出版行政主管部门为一个机构、两块牌子。2013年3月，新闻出版总署、广电总局的职责整合，组建国家新闻出版广电总局，加挂国家版权局牌子。2018年3月，经全国人大批准，国务院机构调整，国家新闻出版署成立，加挂国家版权局牌子。中国版权行政管理的主要内容为制定和执行不同层面版权保护、管理、使用政策；管理和使用国家享有版权的作品，管理版权登记和法定许可；处理版权涉外以及港澳台事务；查处版权领域重大以及涉外违法违规行为。

2.1.2　版权司法管理：一种"制度舶来品"

伴随法治观念的逐渐清晰和版权司法实践的不断进步，中国版权管理的司法力量受到越来越多的关注。中国版权法律制度是向西方学习的产物，理论和实践中均面临中国化的挑战。

包括版权在内的知识产权法则是西方国家历经三百多年不断丰富完善的制度文明的典范。而作为一个发展中的国家，中国知识产权保护在某种程度是一个被动接受的观念和活动。中国版权法律规则的建立经历了从外力直接干预到本土化尝试的过程。1910年，《大清著作权律》在外国人的帮助下制定完成。随后，北洋政府以及国民政府直接取材西方律法制定版权法。1991年，新中国第一部版权法实施。自此后，经过二十多年对西方先进法律制度的不断关注和借鉴，中国在短时间内迅速建立起一套较为先进的版权法律体系。但是这一套法律体系的运行并没有达到与其先进程度相匹配的政策目标和法律效益。究其原因，一为中国传统文化的整体观与崇尚个体价值的西方私法基石的冲突；二为短时间内迅速的引入缺乏相应的社会认同；三为法律本土化过程中法律精神构造和公众意识同化的缺失。[①]

中国版权司法管理体系的日臻完备首先体现在立法的不断健全。《中华人民共和国宪法》是中国版权法的立法依据和立法原则。根据宪法规定，版权立法的根本原则一为保护作品创作者和传播者的利益，二为鼓励优秀作品的创作与传播。此外，中国版权立法中的另一项原则，是尊重国际版权保护惯例，积极参与国际性的版权保护。秉持这一原则，目前，中国有关版权的主要法律法规包括：《中华人民共和国著作权法》，该法于1990年9月7日通过，1991年6月1日开始实施，经过2001年和2010年两次修改，目前正在第三次修改中；国务院发布的与《著作权法》相配套的行政法规，如2002年发布实施的《中华人民共和国著作权法实施条例》，1991年发布施行的《计算机软件保护条例》；2004年12月28日发布，2005年3月1日施行的《著作权集体管理条例》；2006年发布实施的《信息网络传播权保护条例》；2009年发布、2010年1月1日施行的《广播电台电视台播放录音制品支付报酬暂行办法》等。同时，最高人民法院发布的《关于审理著作权民事纠纷案件适用法律问题的一些司法解释》，最高人民法院、最高人民检察院联合发布的《关于办理侵犯知识产权刑事案件具体应用法律问题的司法解释》，也是解决我国版权民事、刑事纠纷的重要依据。此外，在中国经济迅速融入世界经济发展体系的过程中，中国先后加入了《保护文学和艺术作品伯尔尼公约》《世界版权公约》《与贸易有关的知识产权协定》《世界知识产权组织版权条约》及《世界知识产权组织表演和录音制品条约》等国际公约。

2.1.3 社会组织管理：在版权经济刺激下缓慢成长

工业经济时代，人们发现了知识的价值，国与国之间的竞争很快就体现为知识创新的智力成果应用于生产的能力的竞争。版权经济在不断升级

---

① 吴汉东. 知识产权法律构造与移植的文化解释 [J]. 中国法学，2007（06）.

的国际竞争中迅猛发展，大放异彩。自20世纪80年代以后，发达国家版权产业的增长普遍高于国家的整体经济的增长速度。2014年12月24日，中国新闻出版研究院发布的中国版权产业经济贡献调研最新成果显示，2012年我国版权产业产值占当年全国GDP的6.87%，包括软件和数据库、新闻出版、广播影视、文化艺术等产业在内的核心版权产业占全部版权产业的54.43%。①巨额的行业产值意味着巨大的市场需求和频繁的市场交易以及众多的市场参与主体，在分散的权利人和使用者无暇、无力去达成交易协议的情况下，规模化的授权组织应运而生。营利性质的版权代理公司、律师事务所，非营利性质的行业协会、版权集体管理组织等社会组织在市场经济的强烈刺激下开始出现并缓慢发展。

版权的社会组织管理立足于版权权利的实现，具有鲜明的市场中介作用，在版权交易中发挥着不可替代的作用。但是由于版权作为商品在中国用于市场交换的实践起步较晚，而版权管理又长期依靠司法和行政双轨体制，社会组织管理始终发展缓慢。从数量来看，版权集体管理根据作品类型的不同分别音乐、音像、文字、摄影、电影五个领域各设立一家管理组织，商业性质的版权代理机构至今只有30余家。而从社会组织管理机构的功能及其各自运行来看，功能的重复和法律地位的不同及由此产生的相互之间业务安排上的诸多障碍都不能够使社会组织管理机构依据市场的需求进行管理活动的自由调整从而形成互补模式。

2.2 版权集体管理的合理性及其边界

2.2.1 版权集体管理的合理性论证

来自行政、司法和社会组织的力量共同构成中国版权管理体系。涉及具体权利的具体使用，不同力量介入的方式、介入的程度呈现不同特点。行政管理更为宏观，侧重政策引导和对重大事务的关注；司法管理侧重涉及版权纠纷的审理；社会组织则参与版权日常授权与使用的交易管理。可

---

① 姜旭.我国版权产业对国民经济的贡献保持稳定增长[N].知识产权报，2014-12-31.

以说，社会组织对于版权的日常管理尽管存在诸多问题，但它具有行政和司法管理无法替代的市场中介功能，直接促成版权的交易，体现版权的经济价值。而在各种形式的社会组织管理中，版权集体管理作为对版权"小权利"的管理，有其存在的合理性。

版权集体管理是将个别、分散的权利集中起来行使，将原本由版权权利人自己行使的权利交由集体管理组织以组织的名义行使。这事实上是对版权权利的调整和界定，将对作品以及财富等资源的分配产生影响。从版权交易的过程来看，这种调整和界定能够节约交易成本，实现资源的优化配置。

达尔曼对于交易成本阶段性的分析直观、简洁，具有较强的工具性。他认为，根据交易的三个不同的连续阶段，交易成本可以分为三项：商品和交易对象信息搜寻费用、讨价还价和决策费用以及监督和执行费用。版权交易是权利人与使用者之间就作品的使用而进行的交换，存在交易前的彼此信息搜寻、交易过程中的讨价还价和决策以及交易契约达成后的监督与执行这样三个阶段，而这三个阶段均为交易成本的来源。

（1）交易对象信息搜寻成本

交易对象信息搜集成本包括取得交易对象信息所需成本和与交易对象进行信息交换所需成本。

经济学是一门关于世界的理性选择的科学，经济学的研究假定人在其生活目的、满足方面是一个理性最大化者。但是理性最大化并不意味着完美的理性，相反，理性最大化提示我们，理性选择受制于人的认知能力，认知能力的局限性致使人的理性选择也是有限度的。搜寻和使用信息能够在一定程度上弥补这一局限，由此也形成一定的交易成本。

版权实现的过程，是作品权利人与使用者之间达成和执行交换协议的结果。那么在交易发生之前，对于权利人而言，作品完成后自动取得版权，寻找到需要作品的使用者便是交易发生的前提；对于使用者而言，由于产生了使用某一作品的需要，寻找到该作品的权利人同样是交易发生的前提。现代社会，信息传播频繁而密集，作品的创作与使用随处发生，虽然网络技术的进步拉近了人与人之间的距离，提供了多种多样的信息搜索手段，但是，在许多情况下，版权权利人和使用者之间并非能够轻易搜索到彼此信息。例如，商场、餐饮、娱乐等场所常常使用数量众多的背景音乐，而如果这些场所的经营者不得不去一一搜寻到所使用音乐的词曲作者、演唱者、出版商，那么更大的一种可能是，经营者为此付出的搜索成本远远高于由于音乐的使用而产生的利润。这一交易成本如果无法削减，导致的结果要么使用者索性冒被诉侵权的风险继续使用音乐也不支付报酬，要么放弃使用音乐。不论何种选择，当事双方都无法从中获得利益，资源不能达到良好的配置。

在版权交易双方进行信息交换的过程中，还可能由于机会主义的存在而产生交易成本。机会主义是指参与交易的行为主体在交易活动中使用诸如隐瞒真实信息、对交易意图作不实陈述以及欺诈等策略性行为。机会主义者在与对方的信息交换中可能会有意发出错误信息以误导他人，或者拒绝向别人透露他持有的而别人需要却又缺少的信息。这时，对于当事的另一方而言，要甄别、搜索真实有效的信息需要花费更多的成本。值得注意的是，在市场交易活动中，在可供交易双方选择的交易对手很多的情况下，机会主义行为发生的可能性会变小。

中国版权集体管理，是指版权集体管理组织经权利人授权，集中行使权利人的有关权利并以自己的名义进行的包括与使用者订立许可使用合同、向使用者收取使用费、向权利人转付使用费等活动。在版权授予集体管理组织后，集体管理组织以单一的身份成为众多不同作者版权的实际行使人，这种情况下，作品的使用者不再需要耗费更多的成本去寻找权利人——获得他们的授权从而免于侵权风险。信息搜索成本得到有效控制，促成资源的优化配置。与此同时，由于集体管理组织不论在面对权利人还是使用者，均为对方提供数量众多的交易对手，这能够有效降低机会主义行为发生的可能性。

（2）讨价还价和决策成本

财产权的存在使资源的价值得到凸显。任何一种资源为人所有，就意味着总有一些人，他们有权排除其他任何人占有其特定的资源，而资源的合法所有者个人必将会通过各种措施来努力实现资源价值的最大化。与此同时，如果某一资源的所有者能够对其他使用该资源的人收费，那么，对每一个使用者收取的费用将包括由其增加使用者而使其他使用者增加的成本，因为这种成本降低了资源对其他使用者的价值从而降低了他们愿意支付给资源所有者的价格。通过这样一种对照，我们发现，资源的所有者需要资源价值的最大化，而其他使用者则在交易过程中希望能够以更低的价格获得对资源的使用。交易双方在关于资源的价值和价格上存在对立，因此需要讨价还价并在此基础上进行决策。

版权的交易也不例外。权利人希望作品得到认可以实现价值的最大化，而使用者则希望能够以更低的价格实现对作品的使用。双方要达成交易,必然要经历一个讨价还价的过程,交易成本因此形成。首先,对于就某些版权的交易而进行的讨价还价而言,不论从权利人的角度出发还是从使用者的角度出发,数量庞大的谈判对手所形成的交易成本甚至大到能够使人预见这是一个不可能完成的任务。其次,对于权利人个体而言,与所有的作品使用者进行谈判、达成交易是很难做到的,因此最终只能选择其中一部分使用者进行交易,如此一来,因做出选择和决定而形成的交易成本不可避免。反之,就使用者而言,亦同此理。最后,通常作者即版权人,特定作品的作者往往是数量有限的自然人,而版权使用者与此不同,它有可能是自然人,但在很多情况下是法人组织。当自然人版权人面对法人组织使用者时,尽管双方在版权法律关系中具有平等的民事主体地位,但是在实际的交易谈判中,双方的议价能力是存在差异的。作者本身的知名度、影响力,法人组织的组织形象、综合实力等都会影响交易价格的最终确定。

当我们将版权纳入集体管理,上述产生高昂交易成本的情况会得到改变。首先,众多权利人由一个合法组织代表进行交易谈判,大大提升了谈判的效率;其次,将版权纳入集体管理能够实现版权交易双方主体尽可能全面覆盖,从而减少彼此选择、决策的成本;最后,版权集体管理组织作为一个机构,消除了作者之间、交易双方主体之间的差别,使谈判更公平、合理。

(3) 版权交易监督和执行成本

威廉姆森提出资产专用性是导致交易成本增加的因素之一。资产专用性指一项资产能够调配用于其他用途的程度,或者由其他人使用而不损失生产价值的程度。在一项交易活动中,当交易一方或双方对对方的依赖程度很高,或者被对方控制,那么这样的交易就被称为资产专用性高的交易。在资产专用性高的交易中,如果交易的一方或者双方都是机会主义者,那么交易的监督成本、执行成本都会变得更高,交易双方就交易内容重新谈判、申请仲裁和诉讼的风险将大大增加从而抬高交易成本。

在版权交易中,资产专用性高的情况是很容易出现的。一方面,版权交易的发生源自于人们精神文化消费的需要,而文化消费具有其自身特点,其中,时尚化发展是现代社会文化消费的重要特点,[①] 这就导致消费需求往往跟随社会流行文化的发展而发展。对于版权使用者而言,选择那些具有一定知名度和品牌效应、广受欢迎、具有时尚气质的作品版权才能

---

① 包霄林. 文化消费的十大特征 [N]. 中国文化报, 2009 - 01 - 29.

够满足终端客户的消费需求,从而产生效益。由此,在特定时期,版权交易中使用者产生对特定权利人的依赖性,交易成本随之被抬高;另一方面,文学、艺术、科学作品的生产是一项参与者众多的活动,作品只有通过交易、获得使用才能够实现其版权价值。对于绝大多数普通的作者而言,其作品通过版权交易获得被传播的机会并非轻而易举即可实现,因此,数量众多的普通作者对于使用者的依赖性也是存在,在这种情况下,交易成本也会被抬高。在实践中,由上述两种高资产专用性情况导致的使用者为了降低成本而侵权盗用行为、普通作者为实现作品传播而忍受使用者低廉的使用费等显失公平状况并不罕见。侵权行为的监督、版权交易的合理、合法执行都因此变得更为重要,但是版权人很难凭借一己之力来监督其作品在何时、何地、以何种方式被使用,有限的监督也需要付出高昂的监督费用,[①] 交易成本因此很难得到控制。

相较而言,版权集体管理能够为权利人和使用者提供一个相对平等和开放的交易平台,从而降低权利人与使用者在不同情况下对对方的依赖性,降低资产专用性和侵权行为发生的风险。在正常交易完成后,集体管理组织对于版权交易基于规模化的监督和执行,其效率远远高于权利人的单打独斗,其对交易成本的控制不言而喻。

综上所述,在版权交易过程中,表演权、信息网络传播权等权利往往因为权利人和使用者双方数量众多且分散而在交易过程的各个阶段形成沉重的交易成本,版权集体管理将这些"小权利"集中起来行使,大大降低交易成本,优化资源配置,其存在有合理性。

2.2.2 版权集体管理的合理边界

通过上一节对版权交易过程三个阶段中交易成本的分析,我们看到版权集体管理在降低交易成本、提高交易效率方面具有显著优势,其合理性也在于此。但是,版权集体管理的合理性并不意味着这一管理模式能够取代关于具体版权管理的其他模式。一般认为,版权的集体管理应当被限定在确实必要的范围内。确实必要被集体管理的权利应该具有这样的特征,即其单独行使存在技术上的困难或者在经济上不现实或得不偿失。其中,技术困难诸如由于涉及太多的权利人而难以确定、收取和准确分割使用费;由于权利人地位弱小,无力与使用者平等协商使用条件;由于使用者

---

① 常青. 论著作权集体管理制度:法经济学的视角 [J]. 法学杂志, 2006 (06).

无以计数,故不可能逐个授权;由于涉及发生在私人环境下(如私人住宅内)的使用,权利人无权调查和控制等。①《条例》第四条规定,版权法规定的表演权、放映权、广播权、出租权、信息网络传播权、复制权等权利人自己难以有效行使的权利,可以由版权集体管理组织进行集体管理。

(1) 版权集体管理限于交易成本高于收益的权利

从法律经济学的角度看,交易成本的存在既是版权集体管理存在的合理性依据,也为版权集体管理划出合理界限。

版权是法律赋予版权人专有的权利。法律保障权利人行使权利的自由。但是任何个人行使其权利的行为在复杂的社会关系中,都会有限制和例外,版权也是如此。如法定许可和合理使用的出现就是立法出于社会利益与个人利益相平衡的考虑而对版权行使所作出的限制。同样,版权集体管理在一定意义上也是一种对版权的限制,因为它要求版权的单独行使服从于集体行使。

从交易成本理论出发,商品和交易对象信息搜寻费用、讨价还价和决策费用以及监督和执行的费用这三种类型的交易成本过高,导致版权人不得不借助集体管理的力量来实现交易并达到资源的优化配置。那么,反过来看,在交易成本没有高到权利人版权交易的收益不足以补充其交易成本时,版权就不必由集体管理组织来管理,从而更加充分地保障权利人对其专有权利的行使。

(2) 版权集体管理限于无法通过交易双方的协商来实现的权利

博弈理论作为分析工具同样能够提示我们版权集体管理的合理界限。

合作博弈研究人们达成合作时如何分配合作得到的收益,即收益分配问题。非合作博弈研究人们在利益相互影响的格局中如何选择决策,以使自己的收益最大,即策略选择问题。在合作博弈中,参与者之间相互作用并达成一个具有约束力的协议,即达到共同的支付最优化策略,也就是合作均衡;而在非合作博弈中,当给定其他人的选择,没有人有积极性做出新的选择时,便达到非合作博弈均衡即纳什均衡。合作均衡中参与者有信息的互动,在讨价还价成本不存在的情况下便出现一个帕累托最优的到达路径,而纳什均衡中不存在信息的互动,该博弈便只能达到均衡而缺乏帕

---

① 韦之. 论著作权集体管理机构管理的权利——关于著作权法修订稿的思考[J]. 法商研究, 1999 (03).

累托优化路径。

从博弈论出发，版权集体管理是版权权利人与使用者由于双方数量众多造成的高昂的讨价还价成本无法使其达成合作均衡而做出的选择，一个运行良好的版权集体管理组织实际上也是一个分别与版权权利人和使用者达到纳什均衡的博弈参与者。因此，就博弈的结果而言，版权集体管理很难达到帕累托最优即实现资源配置的最优化。从版权管理的效益目标出发，应当将版权集体管理的界限划定在那些无法通过权利人和使用者协商定价来实现的权利，以实现版权价值的最大化。

2.3 中国版权集体管理制度存在的问题辨析

版权集体管理制度存在的问题，是通过实践中版权集体管理组织自身管理及其运行反映出来的。该制度在实践中存在的问题正是可被观察的版权集体管理组织自身管理及其运行中出现的障碍、矛盾、困境。《条例》作为目前中国全面规范版权集体管理的正式制度，对于版权集体管理组织在性质、功能上进行了界定，同时也以立法的善意为版权集体管理描绘了应然之景。然而，受到社会环境、立法水平、制度实施运行能力等条件限制，版权集体管理组织自身管理和运行的实然状态距离立法的要求依然遥远，甚至发生偏差。分析《条例》立法所追求的应然与版权集体管理组织自身管理与运行的实然之间的矛盾与偏差，可以帮助我们发现中国版权集体管理制度在现实中存在的问题。

基于前述对于版权、版权集体管理以及版权集体管理组织概念的阐述和相关法律法规对其职能的规定，我们考察版权集体管理组织自身管理及其运行的问题，可以从以下三个方面来进行：其一，集体管理组织的设立与自身监督；其二，权利人与集体管理组织的关系；其三，集体管理组织与使用者的关系。

2.3.1 问题之一：半官方性质引发关于垄断和监督的担忧

（1）半官方性质：中国版权集体管理组织与政府的关系定位

《著作权法》第八条规定了版权集体管理组织为非营利性组织。《条例》第三条规定，版权集体管理组织是依法对权利人的版权或者与版权有关的权利进行集体管理的社会团体。

在这里，我们看到关于版权集体管理组织的定位，法律中有两方面表述："非营利性组织"和"社会团体"。这两类组织在中国目前并没有明确的分类标准，这就使得中国版权集体管理组织的性质存在一定的模糊性。在这一层面讨论版权集体管理组织的性质，本质上是在讨论如何定位集体管理组织与政府的关系。

对于中国版权集体管理组织与政府的关系，多数观点认为，中国版权集体管理组织是半官方组织。从设立程序来看，成立版权集体管理组织首先需要得到国务院版权管理部门审批，审批通过后需要到国务院民政部门办理登记手续。从版权集体管理组织自身的业务管理和监督来看，中国版权集体管理组织并非独立于政府而存在，例如，中国文字著作权协会（以下简称"文著协"）在其协会章程中明确表示"接受业务主管单位新闻出版总署和社团登记管理机关民政部的业务指导和监督管理"。可见，中国版权集体管理组织从设立到常规业务开展都与政府有着密切的联系。与此同时，中国版权集体管理组织体现了权利人自我保护、自我协调、自我监督和自我服务的要求，"在一定程度上为实现版权部门转变职能、加强监管的规范化、科学化和制度化提供了法律依据。"① 因此，目前中国版权集体管理组织的半官方性质是得到普遍认同的。

（2）关于垄断的担忧

对于现实的认识能够达成多数的一致并不意味着人们对于版权集体管理的理想已经实现。《条例》第六条明确规定："除依照本条例规定设立的著作权集体管理组织外，任何组织和个人不得从事著作权集体管理活动。"中国版权集体管理组织的半官方性质结合这一规定便使其具有一定的官方垄断色彩。对于某些观点的持有者而言，中国版权集体管理组织的这一垄断色彩背离版权集体管理制度的应有之义。有观点认为，中国版权集体管理组织是行业权威组织，是独立于行政管理和司法管理之外的版权管理，而版权作为一种私人的权利，其持有者有权选择不同的集体管理组织对权利进行管理，因此版权集体管理组织的设立应该纳入自由竞争，以更好地帮助作者和使用者实现作品使用授权，调节版权纠纷。这一观点的核心在

---

① 阎晓宏. 认真贯彻条例 加强引导规范 促进著作权集体管理组织的健康协调发展［J］. 中国出版，2005（03）.

于认为中国版权集体管理组织的半官方性质及其形成的官方垄断色彩对作者私人权利的自由行使造成了障碍，主张中国版权集体管理组织应当完全去官方化，作为自由竞争主体参与版权的保护和管理。这一观点以版权集体管理较为发达的国家如美国为参照，认为在市场经济环境下，作为市场主体的版权集体管理机构能够以广大权利人和使用者的授权和信任获得权威性，从而更高效发挥其中介桥梁作用，实现作品价值。

诚然，版权的保护，理应由政府部门、司法机关及行业组织各尽其能、各司其职，形成共同的合力来实现，但是，且不论中国相关法律规定中"非营利性组织"、"社会团体"概念自身所具有的半官方性质，就中国版权集体管理组织发展的现实水平而言，其半官方性质符合历史发展的规律。

版权是智力劳动的价值在商品交换的过程中得到认可的产物。版权经济的发展是市场经济在版权领域对版权价值及其创造的财富进行分配的结果。在一些国家，成熟的市场经济以平等、信用、自主为基本特征，为版权的实现提供了富有经验的交换机制和商业环境，版权集体管理组织作为作品作者和使用者的中间环节，因其合乎市场经济要求的组织原则与方式获得广大作者和使用者的信任，从而树立权威，形成版权保护力量。在此基础上，版权集体管理组织得以正常运行。而在中国，版权作为一种权利被认识和保护，且仅有三十余年的历史，我国版权经济的发展处于起步阶段，对于版权的管理和保护，即便是具有国家强制力干预的司法保护和行政保护在实践中尚且存在大量宣传、普及工作需要去完成，版权集体管理作为由权利人发起的版权管理组织更面临不为人知、不为人信的尴尬处境。政府力量的介入和扶持，其直接的作用是赋予中国版权集体管理组织权威性，从而顺利展开工作。而随着版权集体管理发展，政府力量的介入并非必然之需，一方面，政府职能随着社会的发展不断变化，另一方面，版权集体管理组织的发展壮大将不再需要外力来彰显其权威。因此，半官方性质符合目前中国版权集体管理组织发展情况，但是政府的直接介入会随着集体管理组织的发展而减少。

（3）关于监督的悖论

《条例》第五章对于中国版权集体组织的监督作出了规定。其中，第三十一条规定国务院版权管理部门和民政部门负责监督集体管理组织的资产使用和财务管理；第三十二条规定权利人和使用者可查阅集体管理组织的相关活动记录；第三十三条和第三十四条分别规定权利人和使用者在监督权利受到限制的情况下有权向国务院版权主管部门检举集体管理组织的相关不当行为；第三十五条规定权利人和使用者之外的公民、法人或其他组织可以举报集体管理组织违反条例规定的行为。由此可见，目前，对于中国版权集体管理组织的监督，目前由其政府主管部门、权利人和使用者以及其他公民、法人或其他组织来实施，其中，政府主管部门需要受理来自各方对于版权集体管理组织检举和举报的，负有主要的监督责任。

然而，正如上文所论证，半官方性是中国版权集体管理组织在现阶段无法回避的性质，这就意味着，版权管理部门一方面不可避免地要对版权集体管理组织的工作进行直接干预，另一方面对其运行管理负有法定的监督责任，理论上这是存在困难的。而在实践中，版权主管部门面对大量权利人和使用者因为监督权受限而向版权集体管理部门的检举，难以及时全面回应，这迫使权利人和使用者转而通过诉讼解决问题，无形中增加了监督成本。

至于民政部门因其工作内容与版权集体管理组织的日常业务存在较大距离，无法实现对该组织进行专业、有效的监督。

由此可见，中国版权集体管理制度中，版权集体管理组织的半官方性质是其历史发展的必然，而由此引发关于版权集体管理组织监督的悖论，这关系到版权集体管理组织的权威性与合法性，是我们对版权集体管理制度进行审视首先要面对的问题。

2.3.2 问题之二：版权集体管理组织与权利人的关系定位不清

（1）会员延伸管理在实践中受到质疑

中国现有五大版权集体管理组织全部实行会员制。作者在满足集体组织章程要求的入会条件，即可申请成为会员。不同类型的版权集体管理组织对于加入其组织的会员作品版权进行集中管理，并维护其会员依法享有的版权以及与版权有关的合法权利。同时，不论是版权集体管理组织的组织章程还是版权法配套相关的其他法律法规，在关于作品授权的规定中，都将会员与非会员同时纳入集体管理组织的管理范畴。例如，2005年12月18日经由会员大会表决通过的《中国音乐著作权协会章程》第十六条规定："为集体管理的目的，对未加入协会的音乐版权人，本协会也为其收取版权使用费并向其分配。"而2014年11月1日起开始实施的使用文字作品支付报酬办法中也有规定：报刊出版者没有依照该办法规定向版权人支付报酬的，应当将报酬连同邮资以及转载、摘编作品的有关情况送交中国文字版权协会代为收转，并作记录。

由此可见，中国版权集体管理的维权是针对会员的维权，而授权延伸到了非会员作品。这样一来，许多版权人就面临着被入会或者不得不入会的尴尬，这似乎与国际上版权集体管理通行的自愿原则存在矛盾。版权集体管理组织因此也面临现实的困扰，即授权和收费不能得到非会员权利人的认可，而由于没有签订过加入集体组织管理的合同，当作品被使用，在集体管理组织依据相关规定进行了授权并收取费用后，非会员权利人仍然有可能提起对使用者的侵权诉讼。这无形中增加了作品使用和版权保护的成本，也削弱了版权集体管理组织的社会信用。

（2）信托关系的可选择性在立法中存在矛盾

版权集体管理组织与权利人之间的法律关系，在目前《条例》设计框架下，被理解为单纯的信托关系。但是这与具有更高法律效力的《著作权法》并不完全保持一致，因此一直以来争议不断。

《著作权法》第八条对于关于权利人与版权集体管理组织之间的关系做出这样的表述："著作权集体管理组织被授权后，可以以自己的名义为版权人和与版权有关的权利人主张权利，并可以作为当事人进行涉及版权或者与版权有关的权利的诉讼、仲裁活动。"其中，"以自己的名义为著作权人和与著作权有关的权利人主张权利"、"作为当事人进行涉及著作权或者与著作权有关的权利的诉讼、仲裁活动"等表述将当事双方的关系指向信托关系，但是从完整的措辞来看，信托仅仅是一种在法律规定中被提示、当事双方可以选择建立的关系，而非法律规定的唯一能够建立的关系。此外，1993 年，最高人民法院民事审判庭曾发出的《关于中国音乐著作权协会与音乐著作权人之间几个法律问题的复函》指出：音乐著作权协会与音乐著作权人（会员）根据法律规定可就音乐作品的某些权利的管理通过合同方式建立平等主体之间的带有信托性质的民事法律关系。[①] 这一复函首先将权利人与版权集体管理组织之间的一种关系明确表述为"带有信托性质的民事法律关系"，但是对于这种关系的建立，并没有做强制性的要求，也就是说，信托关系的建立依然是可选择的。那么在实践当中，权利人和版权集体管理组织之间除了建立信托关系，还有其他的选择吗？

---

① 本法规 2013 年 1 月 18 已经被废止。

2003年，在中国音乐著作权协会诉天津市滚石文化发展有限公司表演权纠纷案件中，音著协认为天津市滚石文化发展有限公司投资承办的张学友演唱会上有23首歌曲为香港作曲家与作词家协会有限公司会员作品，音著协与之有相互代表合同，据此向滚石公司要求支付使用费，而滚石公司认为音著协所依据的相互代表合同并非有效授权，音著协无权代理诉讼活动。在此案件的庭审中，音著协的诉讼主体资格成为争议和裁判的焦点。一审法庭以《著作权法》第八条等法律为依据，支持了音著协的诉求，但是随后的二审法庭认为，相互代表合同甚至都不是音著协是否具有诉讼主体资格的关键，二审法庭认为，音著协并非著作权利害相关人，因此不具有诉讼主体资格，并据此撤销一审判决并驳回起诉。

此案当时不仅在民间引起极大关注，而且在很大程度上影响了音著协在行业内的形象与活动，音著协在天津的活动因此甚至陷入停滞。在一片争议声中，国家版权局和音著协邀请了最高人民法院的法官、知名法学教授等专家学者共同对涉案法律问题进行研讨，最终的结论较为一致，与会者均认为在上述案件中，音著协具有合法的诉讼主体资格。紧接着，国务院在同一年颁布了现行的《著作权集体管理条例》并于次年开始实施，其中第二条便明确规定著作权集体管理组织基于授权以自己的名义进行诸项活动。事实上在这里，是将信托关系确定为权利人和版权集体管理组织之间唯一能够建立的关系了。

信托，是指委托人基于对受托人的信任，将其财产权委托给受托人，由受托人按委托人的意愿以自己的名义，为受益人的利益或为特定目的，进行管理或者处分的行为。版权是一种无形的财产权。财产权是指以财产利益为内容、直接体现财产利益的民事权利。财产权可以以金钱计算价值。信托作为一种理财方式和一种特殊的财产管理制度和法律行为，有效契合了版权的财产权属性，为版权集体管理提供了行为发生的机制。世界上大多数国家都规定版权集体管理组织属于非营利性的经济组织。中国《著作权法》第八条第二款也规定，著作权集体管理组织是非营利性组织。从版权集体管理机制看，正因为集体管理组织的非营利性，版权集体管理组织的会员与集体管理组织之间的授权是基于会员一方对集体管理组织一方的信赖而达成的委托关系，因此，作为中国版权集体管理具体行政法规的《条例》强调权利人与版权集体管理组织之间的信托关系具有一定程度上的合理性，尽管从立法角度来看，规定这两者之间的关系为信托关系实际上缩小了《著作权法》所规定的两者关系的外延。

信托自然有其相对于代理、转让等方面的优势，在实践中最为显著的就是，信托能够使版权集体管理组织以自己的名义对权利人的版权进行维护和管理，并且这种维护和管理所服务的完全是权利人，这使权利人的权利得到保护，同时使权利人可以摆脱财产管理的责任与风险。同时，由于集体管理组织以自己的名义进行版权管理活动，权利人对此不会有更多的干预，这促使集体管理组织的管理行为更富有自主性和责任感，从而与权利人给予的信任相匹配。但是，在信托关系下，与版权集体管理组织富有责任感和主动性的管理活动相对应的，还有权利人对其权利支配权的丧失，权利人无法另外进行单独的授权，只能够被动获得收益。这在中国版权集体管理组织并没有形成足够覆盖面的情况下，对于权利人来说是有风险的。因此，是否将信托关系作为权利人与集体管理组织之间唯一能够建立的关系，不仅仅是立法的配合问题，也是实践当中与版权权益保护密切相关的现实问题。[①]

(3) 专属授权引发权利人不满

事实上，信托关系之争其本质体现了权利人和集体管理组织之间有关权利支配的不同主张，更深入去探讨这一问题，我们可以看到，其根源在于权利人对于集体管理组织授权的专属性。《条例》第二十条规定，权利人与版权集体管理组织订立版权集体管理合同后，不得在合同约定期限内自己行使或者许可他人行使合同约定的由版权集体管理组织行使的权利。这一规定在不同的版权集体管理组织的运行中得到体现。例如，文著协组织章程第十三条规定，为会员需要履行的义务，要求会员将自己拥有版权的文字作品向协会登记，在会员与协会签订版权集体管理合同后，不得在合同约定期限和约定范围内，就同一作品的同一权利另行授权他人管理或行使。

应该说，在中国版权集体管理组织具有一定程度的垄断性的情况下，专属授权有效减少了使用者花费在寻求版权许可的时间成本，体现了集体管理制度的优势。版权的行使应当反映权利人的意思自治。版权集体管理组织通过与权利人签订授权合同获得对版权发放许可的权利，其目的在于使权利人的利益最大化。集体管理组织以自己的名义对版权进行管理，因此，在与权利人签订合同之后，权利人的意思自治就体现为集体管理组织的意思自治。在此前提下，集体管理组织获得权利人的专属授权有利于提

---

① 王华. 集体管理组织与权利人法律关系的重新定位 [J]. 华北电力大学学报（社会科学版），2013（05）.

高版权管理的效率,发挥集体管理的优势。

但是在实践中,专属授权受到的最多的诟病来自权利人,这正是因为在版权的行使问题上,集体管理组织与权利人的意思表示并没有形成默契。于是,专属的授权方式使版权集体管理组织在与权利人约定的期限内对于作品的使用许可形成独占的权利,这对权利人而言就意味着与集体管理组织签订合同之后,丧失了自行授权的权利,对于使用者的选择、使用费的收取金额等均无权自行主张。现实中,作品的使用情况纷繁复杂,作为版权的权利人,作品的使用理应充分显示其真实、合理的意思,版权集体管理组织规模化的授权许可行为所实现的尽可能全面覆盖权利作品的效益以牺牲对作品使用的精确考察为代价,无法准确体现权利人的意愿,而权利人按照自己的意愿在集体管理组织授权之外另行授权的需求在现有法律框架下无法得到满足。于是,专属授权就成为权利人表达不满的对象。例如在 2010 年,歌手郑钧在演唱会上演唱了自己作词、作曲的歌曲《天下没有不散的筵席》,由于歌手郑钧为音著协会员,而此歌曲版权也属于音著协管理范围,音著协因此要求演唱会的主办方就此歌曲交付使用费。这一行为引发多方质疑,最终走上诉讼之路。虽然音著协收取费用的对象是演唱会主办方而非郑钧本人,但是在维权活动进行过程中,权利人本人对于作品使用的意愿是完全不被关注的,这与版权作为一种私有财产权应当尊重权利人意愿的原则相违背,也与集体管理组织应有的体现权利人意思自治的基本特征不符。可见,在目前集体管理组织与权利人所能达到的合作水平下,专属授权使得权利人权利受到不合理的限制,它不是矛盾的源头,却是引发现实矛盾的一个重要因素,其成为权利人批评的矛头指向也是合乎情理的。

2.3.3 问题之三:集体管理组织与使用者之间围绕"许可"产生争议

(1)一揽子许可的利弊权衡

使用者对于作品的使用,在无合理使用等法律规定的情形下,都需要向版权权利人支付报酬。集体组织的存在能够帮助权利人去管理某些个人难以及时有效控制的作品使用情况,从而使版权得以保护、权利人获得作品的合法收益。使用者使用作品需要向版权人支付报酬的情形有两种,其一为法定许可的作品使用,此种情况下,使用者无须经过版权人许可即可使用作品，但需要支付报酬；其二为需要获得权利人授权的作品使用。在第二种情况下，未经版权人许可而使用作品即为侵权。版权集体管理组织依据与权利人签订的合同，以自己的名义对作品的使用向使用者发放使用许可。集体管理组织集中行使版权。理论上，版权集中许可可以两种不同的方式来进行。其一为个别许可，即根据作品使用的频次、规模收取版税；其二为概括许可，即通过协议约定，以固定金额的版税获得集体管理组织全部作品的使用许可，并且在约定期限内对使用的频次、规模均不作限制。这种许可方式也被称为"一揽子许可"，是当前中国版权集体管理组织普遍采用的方式。

毫无疑问，一揽子许可具有更加显著的现实操作的便利性。版权集体管理制度服务于某些个人去管理会有诸多不便的权利的实现，如果针对作品的使用设置过高的门槛、过多的环节和过于繁杂的标准，那么就会加重使用者的负担，同时增加集体管理组织运行的成本。因此，简化许可收费的操作是值得考虑的。以音著协为例，针对大型专业机构长期使用一定规模会员作品的情形，均采用一揽子许可模式，面对商场、超市、餐饮等一些机构对音乐作品大量、随机的使用，如果精确统计其使用的规模与频次，则"需要花费大量人力、时间，如果按使用音乐的实际情况计费，则作品使用者必须在申请获得许可时提供作品使用数量和时间的明细，而这一统计工作的花费甚至可能会超过版权使用费本身，而且统计本身加重了作品使用者获得许可的不便，因此是作品使用者不愿承受的。"①

但是，一切事物都具有两面性，一揽子授权也存在显而易见的弊端，主要体现为一定的垄断情形下对于作品使用市场供求差异化的忽视。中国版权集体管理组织均具有一定程度的垄断性。《条例》第六条规定除依照本条例规定设立的版权集体管理组织外，任何组织和个人不得从事版权集体管理活动。而《条例》同时规定设立版权集体管理组织需要能够在全国范围代表相关权利人的利益，并且不与已经依法登记的版权集体管理组织的业务范围交叉、重合。目前中国已经设立的五家版权集体管理组织基本覆盖了音乐、文字、摄影、音像、电影等文化领域，按照条例的规定，在版权业务范围发生变化之前，五家集体管理组织将会是唯一在各自领域范围内向版权人提供版权管理服务的机构。事实上，版权集体管理组织一定程度的垄断性是包括中国在内的许多国家通行的做法，具有其合理性，但是在此环境下实行单一的一揽子许可，实际上从运行模式上加剧了集体管

---

① 杨东锴，朱严政. 著作权集体管理 [M]. 北京：北京师范大学出版社，2010：78.

理组织的垄断性，非常容易伤害到相关利益方。众所周知，版税并非行政直接干预的工商税务，而是基于版权交易双方合意的关于作品使用的市场定价。在中国版权集体管理组织的设立具有一定垄断性的情况下，一揽子授权即意味着使用者在全国范围内对于作品使用费的支付没有更多选择，于是不论使用作品的规模、频次、种类有何种差异，均需要支付集体管理组织所覆盖的全部作品的使用费，如此一来，作品使用的差异完全被忽视，价格无法体现市场供求，价值规律受到挑战，一揽子许可对于使用者造成不公，最终也会伤及创作者的劳动积极性。

（2）收费标准的制定引争议

中国版权集体管理组织针对两类作品收取使用费。一类为法定许可作品，另一类为作者授权使用作品。现行的两类作品的收费都存在关于收费标准的不同看法。

法定许可作品存在法律规定的不需要经过作者授权即可使用的情形，在目前作品使用情况查询系统尚没有建立的环境下，使用费的收取很大程度上需要通过使用者自觉依法支付来实现。在权利人和使用者双方没有明确约定的情况下，法定许可使用费的标准由国务院版权行政主管部门等相关机构以行政法规和规章的形式来确定。1993 年，国家版权局同时颁布并实施了《报刊转载、摘编法定许可付酬标准暂行规定》《演出法定许可付酬标准暂行规定》[①] 和《录音法定许可付酬标准暂行规定》；1994 年，国家版权局发布了《关于〈录音法定许可付酬标准暂行规定〉的补充通知》；1999 年颁布实施《出版文字作品报酬规定》，该法规在 2014 年 11 月 1 日《使用文字作品支付报酬办法》颁布实施的同时被废止。此外还有 2013 年 12 月 1 日起施行的《教科书法定许可使用作品支付报酬办法》等。这些行政法规规章对于不同领域的法定许可收费标准做了规定。

且不论目前的行政法规能否覆盖各类法定许可使用费标准的制定，就通过行政法规或规章来确定付酬标准的方式，人们也存在不同的认识。有学者认为，行政手段制定的标准，即使该规定不合理，作者也无法寻求司法救济。并且，行政部门容易借制定行政法规的合法形式来保护部门或行业的利益而可能伤及作者权益。[②] 另外，法定付酬标准通常体现为具体的金额，一方面因为金额过低或者付酬计算方法不合理引起当事人的不满，

---

① 本篇法规已于 2002 年 5 月 8 日废止。
② 胡开忠．使用作品付酬标准探析 [J]．法商研究，2012（01）．

另一方面，规定具体的金额无法顾及现实中货币价值变化带来的权利人的损失。

作者授权使用的作品其使用费标准的制定面临的问题主要来自两个方面。其一，现行作品使用费标准制定，首先是集体管理机构组织专家团队草拟方案，再依法由会员大会表决通过，最后交由国家版权局予以公告施行。从程序上看，使用费标准的制定既体现了权利人的意思自治，又受到政府的监督，程序合理合法。但是在这一过程中，作品的使用者没有表达意见的机会，这就容易导致使用费标准的制定片面追求权利人利益的实现，从而忽视使用者的权益。版权使用费毕竟是基于作品进入市场流通而产生的价值体现，买卖双方应该拥有平等对话的权利，显然现行的使用费标准制定的程序对于使用者而言是有失公允的。[①] 其二，《条例》对于制定收取作品使用费标准的依据有较为概括的规定，在实践中则缺乏可操作性。《条例》第十三条规定版权集体管理组织在制定使用费收取标准时，应当考虑使用作品、录音录像制品等的时间、方式和地域范围，权利的种类，订立许可使用合同和收取使用费工作的繁简程度这三个因素。而在实践中，准确考量这些因素并不容易，导致具体的集体管理组织在制定收费标准时只能"摸着石头过河"，制定的具体标准也常常受到使用者的质疑甚至引发诉讼。

---

① 刘洁. 我国著作权集体管理制度研究 [M]. 北京：中国政法大学出版社，2014：167 – 169.

第3章

两种模式的版权集体管理活动考察
——以德国、美国为例

3.1 德国：版权集体管理的垄断模式

3.1.1 德国版权集体管理的定位

德国版权保护较为完善，是全球范围内版权保护力度大、水平高的国家之一。版权集体管理活动在德国已有一百多年的历史。作为典型的大陆法系国家，德国的版权集体管理制度对中国版权制度的发展具有重要的借鉴价值。

德国的版权管理由三方面共同协作完成，其结构与我国版权管理体系有近似的地方。司法管理是德国版权制度的首要组成部分，全国各地各级法院受理版权相关的诉讼。行政管理不仅是司法保护的有力补充，更起到监督司法的作用：德国专利商标局设版权处，依法对版权法的实施进行监督，同时担负对版权合同纠纷的仲裁工作和对全国所有的版权集体管理组织实施监督。专利商标局版权处为中央级行政机构，也是德国唯一的版权行政管理机构，管辖范围涵盖全国，无下级分支机构。德国依法成立的版权集体管理组织构成了该国版权保护的民间力量。德国版权集体管理组织与中国版权集体管理组织一样，为非营利性的民间组织。德国版权集体管理组织由政府批准设立，不同的集体管理组织分别管理不同领域内适宜集体管理的著作权。①

德国的版权集体管理制度建立在一系列传承不断的有关版权保护的法律规定之上。19世纪上半叶，德国古典音乐创作旺盛，为了使创作者的劳动得到合理的报酬，普鲁士王国于1837年颁布了《科学与艺术作品复印、复制保护权法》，② 这是德国现代版权法的开端；1901年，在关于文学和音响艺术著作版权的法律《文学与声音艺术作品版权法》中规定，允许成立版权集体管理组织来代表版权人行使相应的权利；1965年，当时的联邦德国颁布《版权及邻接权管理法》，这是德国目前使用的版权法。该法律规定，为了协调版权人与作品传播者和使用者之间的关系，保护版权人的合法权益，版权人与出版者可以联合组建版权集体管理组织，集中行使作品的复制、传播、公开表演等权利，该法并对著作权集体管理组织的设立、法律地位、管理权限等做出规定。

在较为完善的法律保障下，截至2005年德国共有11家集体管理组织。其中，除了音乐作品表演权、机械复制权集体管理协会（GEMA）成立于1901年，其余10家集体管理组织均于二战后成立，特别是1965年《版权及邻接权管理法》颁布以后成立。它们分别是文字作品管理协会、音乐版本管理协会、电影演出权管理公司、电影及电视制片人集体管理公司、表演艺术家集体管理公司、电影与电视演出权管理公司、音乐作品与录音产品生产企业管理协会、电影作品使用权管理有限公司、AGICOA版权保护有限公司、卫星发射企业集体管理公司。③ 这11家集体管理组织涵盖了德国音乐、文学、电影电视、摄影、美术等诸多领域的版权管理。在长期的发展历程中，德国版权集体管理组织不断帮助权利人实现其权利，获得众多权利人的认可，因此这些集体管理组织普遍规模较大、代表性强。

---

① 卢旺存. 德国著作权保护机构及著作权集体管理协会［J］. 社科纵横, 1999（05）.
② 也称《普鲁士版权法》，是德国第一部现代版权法。
③ 高行乐. 中华人民共和国驻慕尼黑总领事馆经济商务室，http://munich.mofcom.gov.cn/article/ztdy/200512/20051201130908.shtml. 最后访问时间：2015 - 03 - 10.

3.1.2 德国版权集体管理组织的设立与监督

德国版权集体管理组织的设置与建立实行政府审批制度，组建形式可以是社团法人即协会，也可以是有限责任公司，不论何种形式，都需要得德国唯一的版权行政管理机构——德国专利商标局的批准。德国专利商标局对于申请成立的版权集体管理组织的审批，主要审查集体组织是否有足够的准备保证管理活动正常进行从而保障著作权人的利益。另外，德国就同一类别的版权不批准设立多家集体管理组织。

德国版权集体管理组织可以由权利人代表发起成立，也可以由文化领域的全国性行业协会发起成立。权利人自愿成为会员。由于版权交易自身的规律，同一个环境下，版权收入水平在不同权利人之间的差异是非常大的，往往一个集体管理组织中，少部分会员的收入占据总收入的多数。因此，德国部分版权集体管理组织对会员实行分级管理，以保证主要版权人的利益。版权集体管理组织与一般企业的机构设置基本相同。会员大会以决议形式制定和修改章程、分配计划。日常业务由董事会或者理事会负责，同时由监事会对董事会发布的年度分配方案、财务报表进行监督。

德国版权集体管理组织被国家法律明确赋予垄断地位，以保证该组织的权威性和代表性，降低作品使用的谈判成本。与此同时，一套完备的监督体系保证德国集体管理组织不会滥用垄断地位，损害权利人和使用者的利益。首先是司法监督。版权集体管理组织要受到其组建依据的法律的监督。德国商法和民法负责监督注册企业或者协会的运营活动。同时，德国版权集体管理组织要受到德国、欧盟反垄断机构和立法的监督。德国政府于1960年将德国音乐作品演出权与机械复制权协会（GEMA）确认为市场垄断企业，同时，除此之外的版权管理机构也受到特别监督，以防止版权集体管理组织利用市场垄断来达成伤害消费者利益的协议或约定。欧盟竞争法也明确规定，禁止相互达成破坏竞争的协议。① 其次，是行政监督。德国版权集体管理组织要接受德国专利商标局下设监督处的监督。监督处审批版权监督集体管理组织的成立，通过定期参加版权集体管理组织会员大会和委员会会议来监督其日常运转；同时还免费受理各类来自使用者的收费投诉。版权集体管理组织如有董事会人员变动、组织章程和收费标准

---

① 高行乐. 中华人民共和国驻慕尼黑总领事馆经济商务室，http：//munich.mofcom.gov.cn/article/ztdy/200512/20051201130908.shtml. 最后访问时间：2015－03－10.

修改、新签合同以及与国外机构签订相互代表协议等，需要及时向监督处报告。此外，德国专门成立了独立的版权集体管理组织仲裁机构。该机构人员精干高效，由具备法官资格的一名仲裁员及两名副手组成。具体人选由联邦司法部任命，任期4年，在专利商标局内办公。任何涉及版权集体管理组织的纠纷首先要经过仲裁机构仲裁。仲裁处进行调解，如不成功，会向双方提出和解协议，如一个月内未表示异议，则产生法律效力。否则可继续向法院起诉。仲裁时间一般为一年，须交纳费用。

3.1.3 德国版权集体管理组织的主要职能

德国版权集体管理组织与权利人签署授权协议或管理协议，以托管方式获得作品销售、使用等权利。多数协议规定最低托管期限，如 GEMA 规定不低于6年。之后，版权集体管理组织与使用人联合组织签署总合同，该合同对单个使用人具有约束力。以 GEMA 为例，与德国舞台演出协会、歌手协会、音乐会举办单位联合会等400多个全国性协会、联合会签有总合同。按照市场导向原则和预计产生的货币价值，版权集体管理组织事先制定许可证使用费标准。以现场表演为例，需综合衡量演出时间、场地大小、票价高低等因素，确定费率标准，不同场次收费标准差别巨大。如音乐版权管理协会规定，大型乐团演出40分钟的作品，免费入场，容纳100人以下的收费20欧元；售票51欧元以上、观众2000人以下收费1005.90欧元。收费标准应立即公布在联邦法律公报上，供权利人和使用者监督。

在多数情况下，版权集体管理组织和使用者之间良性互动，共同维护相互权益。集体管理组织承担资讯公开义务，随时整理、登记所有国内外作品，纳入统一作品库，公布新制定的收费标准，并记录作品许可使用、使用费收取和转付、管理费提取和使用等情况，供权利人和使用者查阅。使用者拥有知情权，可从网站检索或书面咨询，版权集体管理组织有义务告知，是否对某作品拥有使用权和收费权。公开演出前，活动举办方应主动与管理组织联系，获得其授权或同意。活动结束后，应及时通报使用作品清单和产生的收入，并按照标准缴付费用。如未事先获得授权，版权集体管理组织可以估算经济收入，收取费用。

德国版权集体管理组织具有服务企业性质，实行高效低成本运行，但不以赢利为目的。所有收入，扣除管理成本后分配给权利人。德国法律规定了版权集体管理组织的公益性质，还强制规定集体管理组织年度支出不得超过所收取费用的14.7%。部分机构管理费用远低于该标准，如电影与电视演出权管理公司不足 4%，文字作品管理协会 2003 年管理费比例为 7.29%，最高的 2000 年为 8.50%。音乐作品表演权、机械复制权协会诉讼费较高，费用比例一般在 13%—14%。扣除管理费后，剩余收入按照会员大会通过的分配方案分配给各权利人。2004 年音乐作品表演权、机械复制权协会分配的资金达 6.90 亿欧元，按作曲家、编辑人、作词家、出版商四个职业，分配使用费。文字作品管理协会规定，出版社出版的作品，作者、出版社各占总收入 70% 和 30%，译著翻译人员占作者酬金的 50%，非出版社（报刊上发表的作品）作品，作者得到全部许可证费收入。[①]

此外，德国版权集体管理组织的主要职能还包括：承担一定的社会文化职能，提取一定比例许可证收入，成立福利基金或文化扶持基金等辅助性、支持性机构，定位介于企业与政府部门之间；努力向政府施加影响，促进版权立法；国际合作方面，与国外同类组织签订相互代表协议，授权保护本国作品海外利益，并接受委托管理外国作品在德国使用与销售事宜；以组织名义提出仲裁或诉讼，维护成员利益。GEMA 每年一半以上收入不是通过正常组织管理收取，而是通过诉讼途径从使用者手里获得的。

3.1.4　德国版权集体管理组织举例：GEMA

德国音乐作品表演权、机械复制权集体管理协会（简称 GEMA）前身为成立于 1903 年的德国音乐表演权集体管理组织，成立时间晚于德国第一部著作权法颁布时间两年。该组织的创办人为著名作曲家理查德·施特劳斯。

GEMA 由国家批准成立，总部设在柏林，全国有 12 个分支机构。GEMA 将其自身定位为具有中介作用的公益慈善及非营利性组织，为词曲作家和音乐出版商版权的实现服务。目前，GEMA 拥有超过 65000 名会员，包括申请入会的作曲家、词作家和音乐出版商（必要时还包括他们的法定继承人）。

GEMA 对会员进行分级管理，会员等级分为三种。通过缴纳申请费获得会员资格的为附属会员；公开发表 5 首以上作品和出版 50 本以上钢琴单曲或 15 本以上管乐的出版社为候补会员；成为候补会员 5 年，并在创作收入或者出版收入达到一定要求后，即可申请获得正式会员资格。分级管理

---

① 高行乐．中华人民共和国驻慕尼黑总领事馆经济商务室，http://munich.mofcom.gov.cn/article/ztdy/200512/20051201130908.shtml. 最后访问时间：2015-03-10.

能够保障主要会员的利益。2003年底，GEMA正式会员仅占4.7%，但占其总收入57%，非正式会员占总数量10.2%，联系会员占85.1%。[①]

通常 GEMA 交替在柏林和慕尼黑一年召开一次会员大会，对协会章程、分配计划等问题进行商讨。正式会员全部有资格参加会员大会，候补会员只能选派代表来参加会员大会，附属会员则无权参加会员大会。协会的董事组成员也由会员大会选举产生。董事组由10名词曲作者代表和5名出版商代表组成。他们负责管理会员资料、许可费用收费、许可费用发放和协会财务四方面的工作。

GEMA 主要的活动内容是给会员音乐作品表演权以及机械复制权颁发许可，许可使用费的收转是 GEMA 的核心工作。GEMA 的收费主要由三部分组成：一是表演权收费。表演权收费分为现场表演权收费和机械表演权收费。现场表演权收费以场地面积、入场票价为计算依据，现场表演的举办方有义务向 GEMA 提供相关数据。机械表演权收费针对经营场所的音乐使用，包括餐厅、咖啡厅、商场、影院、卡拉OK厅、交通工具如火车和飞机上播放音乐作品的收费。二是广播权收费。电台、电视台以及私人使用收音机、电视机均在收费范围内。电台播放音乐，收费标准为广告收入的6.2%；电视台播放音乐，收费标准为广告收入的4.8%；私人使用收音机和电视机，每台设备按月分别收取固定的金额。使用收音机需要支付的费用较使用电视机需要支付的费用要高，因为广播节目当中通常播放更多的音乐。私人收音机和电视机用户每月向 GEMA 支付费用，如果有证据证明当月未曾使用，则可以不付费。三是机械复制权收费。机械复制权收费针对录制音乐作品的空白录音带和录像带。GEMA 对此以版权补偿金形式向设备制造商或者销售商收取费用。

GEMA 收取的所有费用在扣除行政费后分发给国内外相关权利人。上述三种使用费收取均建立在与使用者签订的授权合同制上，GEMA 据此记录作品使用、使用费收转和管理费的提取和使用等情况，使用费还要依据监控登记，经过准确计算后向权利人支付，作品使用的频率和规模直接影响权利人所得版税。[②]

通过吸收会员和与国外著作权集体管理组织签署相互代表协议，管理各国在德国受保护的音乐作品。目前，GEMA 通过签署多边、双边协议，

---

① 高行乐．中华人民共和国驻慕尼黑总领事馆经济商务室，http://munich.mofcom.gov.cn/article/ztdy/200512/20051201130908.shtml．最后访问时间：2015-03-10．
② 卢旺存．德国著作权保护机构及著作权集体管理协会［J］．社科纵横，1999（05）．

和 74 个海外音乐演出复制权机构、代理商建立了固定合作关系。2004 年，该协会从海外机构获得许可证费 5140 万欧元，向海外机构、二级出版商分别转付 1.04 亿和 1 亿欧元。2000 年 10 月，GEMA 同海外若干重要的集体组织包括 BMI（美国）、PRS（英国）、SACEM（法国）和 BUMA（荷兰）在智利圣地亚哥举行会议并达成了《圣地亚哥协议》(Santiago Agreement)。该协议的宗旨是解决互联网环境下音乐作品跨国使用问题，该协议允许各集体组织在本国境内发放协议成员所管理的音乐作品的在线使用许可。这一协议受到欧委会关于反垄断的调查。欧委会经过一系列评估，认为该协议存在违反欧盟竞争法的嫌疑，认为其对市场进行了分割，进而加强协议各方集体管理组织在各自市场垄断地位，这将限制使用者的自由选择。基于以上调查结果，各集体组织没有在该协议有效期满后继续签署协议，就此终结。[1]

此外，GEMA 经营种类繁多的公益性质的文化推广活动，如 2004 年公益支出近 5300 万欧元，其中 580 万欧元由社会福利部提供给疾病、年老或家庭收入低于一定标准的会员，其余用于严肃音乐、流行音乐等青年人才培养以及成员养老保险。2009 年以来每年在柏林举办的音乐作者评奖活动以及其他以鼓励青年音乐人创作的人才资助项目等。[2]

3.2 美国：版权集体管理的自由竞争模式

3.2.1 美国版权集体管理的定位

美国版权管理体系同样存在行政管理、司法管理和社会组织管理三类。

美国联邦层级中以美国版权局为主的多机构共同参与版权的行政管理。美国版权局隶属于美国国会图书馆，版权登记和版权转让是其最为主要的管理职能。通过版权登记，美国版权局建立了巨大的版权数据库。为版权的保护提供了必不可少的保障。版权转让可以到版权局登记，版权局

---

[1] 刘利. 著作权集体管理制度的欧盟经验及其对我国的启示 [J]. 中国版权, 2013 (06).
[2] GEMA 官网：https://www.gema.de/faq/ueber-die-gema/

会把转让情况公布在版权局的网上,让检索人知道关于作品的法律状态。美国版权局还需要为国会提供版权信息,同时向版权局之外的政府部门提供版权信息、为国会修改相关法律提供建议、协助司法部进行版权保护、在美国与其他国家贸易往来时提供版权信息等。美国版权局没有执法功能,但它协助其他部门开展执法,打击侵权盗版。① 另外,美国版权行政管理的一大特点是将版权法制建设与对外经济贸易挂钩。在版权问题上,美国总的原则是把版权保护和对外经济往来挂钩,凡是想与美国进行经济贸易合作的国家,都需要根据美国的要求,加强版权制度的建设,为美国海外版权产业提供版权方面的保护。著名的《特别301报告》② 来源于1974年贸易法案,美国政府通过这一方式向其海外贸易伙伴施加压力,加大了海外版权保护力度,为美国版权产业开拓海外市场铺平了道路。

在司法方面,美国较早重视版权法律制度建设,于1787年宪法中就有"版权条款"。1790年,美国国会以英国安娜法为蓝本制定版权法。200多年来,美国多次对版权法进行修订,现行版权法为1976年修订版。美国版权司法主要体现在对版权侵权行为的打击。随着复制技术的不断提高,美国版权法律制度不断加大对侵权行为的打击力度,逐步引入并且加大对版权侵权的刑事处罚,并且逐步降低版权侵权刑事处罚的门槛,同时不断扩大版权侵权打击范围。现行法律规定,复制和销售了至少100张唱片或至少7张电影等音像制品的,最高可处以2年监禁和25万美元罚款。③

美国参与版权管理的社会力量主要来自各大行业协会。美国拥有成熟的市场体系,除极少数国家所有的企业外,美国政府对国内市场不直接进行干涉。美国企业的行为规则,依据各种法律来制定。除此之外,行业自律是企业行为规范的重要途径,这其中,行业组织协会承担重要角色。美

---

① 大佳网,出版世界 http://www.dajianet.com/world/2011/0427/155630.shtml. 最后访问日期:2015-04-12.

② 《特别301报告》(Special 301 Report) 是美国贸易代表办公室发布的关于世界各国知识产权保护的年度报告。美国贸易代表办公室根据美国1974年《美国贸易法》(Trade Act of 1974) 第182节第301条款的规定(这就是《特别301报告》名字的由来),从20世纪80年代开始对各个国家是否对于知识产权提供充分有效的保护,以及是否对依赖知识产权保护的工业部门或商人提供公平平等的市场准入机会进行审查。每年年末,美国贸易代表办公室都会根据年度审议结果发行一份关于各国保护知识产权的状况的年报,在报告中分三级将各个国家列为知识产权保护的"观察国家"名单、"优先观察国家"名单和"306条款监管国家"名单,以让美国政府参照决定是否对不注重知识产权保护的国家进行贸易报复。

③ 国家知识产权局:http://www.sipo.gov.cn/yl/2009/200905/t20090513_460279.html. 最后访问日期:2015-04-12.

国出版商协会（Association of American Publishers，简称 AAP），目前是美国出版业中规模最大、影响力最强的一个行业组织，它包括出版公司、非营利组织、大学出版社等 322 个团体会员。作为一个有影响的行业组织，美国出版商协会承担了许多的服务和管理工作，版权保护是其主要的职能。① 行业协会在促进版权贸易、处理版权纠纷、查禁盗版等方面起到重要作用。

版权集体管理同样属于社会组织参与的版权管理活动。相对于美国出版商协会等行业协会，美国版权集体管理组织专注于版权的授权、许可与结算，直接促进版权交易是其设立的宗旨。目前较大的版权集体管理组织有美国词曲作者、出版商协会（American Society of Composers, Authors and Publisher，简称 ASCAP）、美国广播音乐协会（Broadcast Music Inc.，简称 BMI）、美国版权结算中心（Copyright Clearance Center，简称 CCC）等。

3.2.2 美国版权集体管理组织的设立与监督

美国并没有专门的法律来对版权集体管理进行规定，但这并不影响美国的版权集体管理在实践中的成功。可以认为，美国版权集体管理组织的发展主要是由于市场因素在推动，不容忽视的是，美国司法部的反垄断指控也是推动其版权集体管理组织发展的重要原因。美国的集体管理组织发展较快，目前共有超过 10 个集体管理组织，其中音乐领域的最多。②

和其他普通法系的国家一样，美国把版权视作单纯的财产权，对版权的保护与对一般有形物权的保护别无二致，因此美国的版权集体管理组织通常依照公司法设立。版权集体管理组织可以由权利人代表发起，也可以由文化领域的行业协会发起成立。因为版权的私权属性，权利人入会以自愿为原则。会员协议是版权集体管理组织同权利人达成的入会条件。美国允许对同一类作品设立多家集体管理组织。但是，通常词曲作者等权利人一次只能加入一个集体管理组织，出版商则可以同时加入多个集体管理组织。由于同一类别作品存在多家集体管理组织，因此，美国版权集体管理组织接受从其他组织转会的申请者，但是需要申请者与之前所在的集体管理组织达成适当的协议以便做出这样的转变。

---

① 赵光敏. AAP：美国出版行业协会的功能与运作 [J]. 编辑学刊. 2007 (06).
② 庄智博. 著作权集体管理制度比较研究 [J]. 中山大学研究生学刊（社会科学版）.2013：34 (01).

美国版权集体管理组织内部通常会设有专门部门进行自我监督，司法部门负责对其进行外部监督。美国司法部将版权集体管理组织纳入其监管范围。其中最重要的一项是对于许可费的反垄断监控。包括版权在内的知识产权属于法律所保护的独占性权利，这种独占本身就具有"私人垄断"的性质，因此各国法律均承认版权的垄断性。但是规定权利人在行使这种权利不受反垄断法的追究并不意味着权利人可以滥用这种权利。当权利人结成协调相互间竞争关系的横向联盟，从而限制了自由竞争时，就要受到反垄断法的规制。由于美国版权集体管理组织被视作普通的私人实体，保持自由竞争是其基本特征，而许多大型集体管理组织均采用一揽子许可模式，因此包括 ASCAP、BMI 等在内的美国版权集体管理组织都曾受到美国司法部的反垄断调查。① ASCAP 和 BMI 被美国司法部要求只能获得非独占许可，在获得作者授权的同时，保留作者单独授权的权利。非独占授权增加了竞争的形式，能够有效防止版权集体管理组织凭借独占的优势收取高额的使用费。

此外，美国版权集体管理组织的运行还接受版权权利人的监督。2014 年 11 月，歌手 Aloe Blacc 呼吁流媒体服务商提高向词曲作者支付的版税，并将这一主张称为"坚持写歌的价值"。Blacc 认为目前词曲作者由于流媒体服务商使用作品而获得的版税已经低到有悖常理，甚至无法满足创作者生存需要的程度。全球最大的流媒体音乐服务商之一 Spotify（中文名：声破天）被频繁使用。2013 年，该网站根据使用流量发布最受欢迎的音乐曲目，其中包括《潘多拉星球》。然而，这一年该曲目在美国国内产生的版税只有 12359 美元。Blacc 建议和试图说服美国司法部为数字时代防止音乐创作者的价值被低估而与 ASCAP 和 BMI 谈判，更新已经陈旧的协议。因为根据法律规定，ASCAP 必须同意任何企业使用会员作品而没有拒绝的权利。②

3.2.3　美国版权集体管理组织的主要职能

美国版权集体管理组织的主要职能包括会员招募、根据协议向使用者集中发放授权许可、收转使用费、发起维权诉讼以及承担文化领域的公共服务等。其中，会员的招募与使用费的收转是其核心职能。

---

① 欧广远，张林海. 论版权集体管理组织的反垄断法规制［J］. 中州学刊，2008（06）.
② 美国有线新闻网：http://money.cnn.com/2014/11/17/media/aloe-blacc-music-royalties. 最后访问日期：2015-04-12.

美国各版权集体管理组织在接受会员申请时，通常收取一定的费用。这项费用以年费、管理费或者一次性申请费的名义收取，用于补偿由处理申请而产生的行政成本。有些组织如 ASCAP 对全体会员收取此项费用，有些组织则仅向企业用户收费。通常面向企业用户的费用会更高一些。美国版权集体管理组织接受非美国公民通过特定程序加入集体管理组织的申请。获得会员资格后，权利人即可进行版权作品的登记与注册。

美国版权集体管理组织根据协议规定的各自管理权限就其会员作品的著作权发放许可，权利内容、发放范围均在协议中有明确规定。各大集体管理组织官方网站均展示各自许可类型的完整的列表。

美国版权集体管理组织所收取的费用扣除经营费用后全部分发给会员。一般来说，使用费的收取金额基于权利使用的方式和使用者或潜在受众的规模大小而定，但是同一集体管理组织需要对同一种作品的同等条件的使用者作出无差别的对待，确保许可发放的一致性。以 ASCAP 为例，夜总会、酒吧以及类似场所的费用取决于音乐是直播还是录制、仅是音频还是兼具音频视频，以及每周提供音乐的天数、是否收费入场等因素；音乐会费率基于演出的门票收入和场地的座位数量而定；专业院校费率根据全日制学生的数量而定；零售商店费率取决于扬声器的数量和营业面积。而营业面积相同的餐厅，无论餐厅位置在哪里，使用相同的音乐，费用也是相同的。ASCAP 设计出一套完善的分配体系和会员作品使用监控系统，力求使用费向权利人的分配精确。该集体管理组织的作品使用监督系统内设有 22 个固定监测站，同时设有 14 个流动监测站，对全国 220 家电台以及 80 家电视台进行监听，同时使用抽样调查等方法来测算不同作品的使用频次及规模。

此外，美国版权集体管理组织还具有针对会员作品侵权的维权诉讼以及一定的社会公共服务职能。如 ASCAP 于 1975 年成立基金会，致力于向年轻音乐人才提供帮助，通过各种教育培训和慈善项目为音乐团体服务。

3.2.4 美国版权集体管理组织简介

(1) 美国词曲作者、出版商协会

美国词曲作者、出版商协会（American Society of Composers, Authors and Publisher, 简称 ASCAP）是美国唯一一个由词曲作者和音乐出版商拥有并运行的表演权组织。

1914年2月13日，数十位有远见的音乐创作者们在纽约克拉里奇饭店成立ASCAP。目前超过525000名美国词曲作者和音乐出版商成为ASCAP的会员。ASCAP通过与海外版权集体管理组织签订相互代理合同，也代表了数十万名的世界各地的音乐创作者。

ASCAP通过许可版权作品的非戏剧公开表演权和分发版税来保护其成员的权利。ASCAP在其官网宣称："我们的成员是为了谋生而创作音乐的人。我们知道创作与补偿之间的许多步骤。我们的存在是确保ASCAP成员当他们的作品进行公开表演时能够及时和公平地得到付费。"[①] ASCAP向所有想要公开表演版权音乐的个人和组织发放许可。

ASCAP董事会席位完全从会员中推选产生，并且每两年进行一次重新推选。董事会选出的主席必须是词曲作家。董事会由词曲作家委员会、出版商委员会和审计委员会三部分组成。其中，审计委员会是一个独立的部门，成员由ASCAP会员选举产生，他们接受会员关于版税分配的投诉，对ASCAP起到内部监督的作用。ASCAP董事会任命各委员会负责人来参与各项具体工作。各项工作委员会及职责主要包括：①词曲作者委员会。报告、审议各界向董事会提出的建议。②评奖委员会。在ASCAP覆盖范围内对优秀会员作品进行奖励，协助会员作者树立良好的社会声望。③执行委员会。负责有关审计委员会的利益及其管理业务的一切事务。④财务委员会。监督董事会的有关财务政策的决议；检查每月财务报表和年度财政；审查所有其他可能产生社会影响的活动的财务事项。⑤外交关系委员会。负责ASCAP与海外集体管理组织时间的相互代表活动；研究如何改善外汇收入并与海外保持联系。⑥法律和许可委员会。处理联邦和州立法与ASCAP直接或者间接的关系；监督ASCAP所有的法律程序和活动。⑦营销委员会。制定市场营销方案、处理公共关系、发布媒体广告以吸引新成员、加强与客户的联系。⑧会员资格委员会。审查会员资格，提供所有有关会员一般规定的建议。⑨新技术委员会。负责调查新技术，为新技术的发展在ASCAP业务和活动中的应用提供意见。⑩调查和分配委员会。监督、调查会员作品的表演使用、向会员分配版税。⑪交响乐和音乐会委员会。负责识别与音乐有关的问题，并对ASCAP在音乐领域的活动和计划提出建议。

ASCAP的授权许可灵活多样。常常会有一些促销活动。例如，ASCAP连续多年举办音乐世博会音乐登记工作，提供不限于ASCAP成员的音乐作

---

① ASCAP官网：http://www.ascap.com/about/. 最后访问日期：2015-04-12.

品使用许可登记。在 2015 年 4 月 30 日至 5 月 2 日于洛杉矶举办的第十届"我创造音乐"音乐世博会的授权许可中，ASCAP 为注册期内前来登记注册的使用者提供优惠折扣。

ASCAP 仅对非戏剧音乐作品的公开表演权进行授权，但是可以授权其成员在戏剧作品中的独立音乐作品表演权，其他如录制 CD、磁带或视听作品如电影、视频以及电视节目的一部分等被称为机械和同步的权利由词曲作家和出版商自行授权。ASCAP 所规定的公开表演是指发生在公众聚集而非更小范围如家庭或者熟人圈子等场所的表演，同时包括面向大众的传播，比如通过电台或电视播出、互联网传输等方式进行的表演。就许可发放的范围而言，该集体管理组织发放许可的机构包括航空公司、游乐园、酒吧、餐厅、夜总会、高校、音乐会的表演者、音乐俱乐部、贸易展会、健身俱乐部、酒店、当地政府实体、电视电台和网络、移动娱乐、网站、零售商店以及其他行业各种各样的音乐用户。

（2）广播音乐协会

广播音乐协会（Broadcast Music Incorporated，简称 BMI）成立于 1939 年，是一家非营利性的表演权组织。BMI 在纽约、洛杉矶和伦敦等地设有办事处。目前拥有会员超过 40 万名，每年向词作家、曲作家等音乐人发放超过 9 亿美元的版税。[1]

BMI 的成立初衷是打破 ASCAP 在非戏剧音乐作品表演权授权的垄断地位。在 ASCAP 成立的初期，广播组织是其主要授权对象。ASCAP 一揽子许可下较高的使用费成为一部分广播组织沉重的负担。于是这些广播组织决定成立自己的表演权协会，直接获得版权持有人许可，以摆脱 ASCAP 高额许可费用的制约。BMI 成立后，立即对 ASCAP 形成有力的竞争，迫使 ASCAP 在一定程度上降低了许可费用。BMI 的运作模式和服务提供与 ASCAP 基本保持一致。二者较显著的区别在于 BMI 曲目库中有更多的乡村音乐。值得注意的是，目前 BMI 与 ASCAP 以及另一家版权集体管理组织欧洲戏剧作者曲作者协会（Society of European Stage Authors and Composers，简称 SESAC）目前为美国三大表演权集体授权组织，相互之间明确的竞争关系促使集体管理组织不断改变自身许可使用费的分配方式，会员在多个版权集体管理组织相互的竞争中获得更多利益。

---

[1] [美] 吉姆·彼特瑞克, 戴夫·奥斯汀, 凯西·琳恩. 我的第一本流行歌曲创作书 [M]. 徐晴颐译. 北京：人民邮电出版社, 2013：337.

申请加入 BMI 无须支付申请费或者会员年费，但是该组织对会员期限有要求，申请者必须签署一份为期两年的会员协议。BMI 采用一揽子许可方式收取使用费。收到使用费后，BMI 扣除管理费，然后将收入发放给创作会员和发行会员。目前，BMI 的管理费控制在总收入的 12% 左右。

除了发放许可和收转使用费，BMI 还开展其他会员服务活动，如提供帮助会员发展自身技能、扩大行业影响力的作品展示会、培训课程等。

（3）美国版权结算中心

版权结算中心（Copyright Clearance Center，简称 CCC）成立于 1978 年，是一家非营利性组织，通过简化授权流程和支持内容创造者的知识产权为全球组织提供授权服务。其服务对象包括 400 多家世界 500 强公司在内的各种规模的公司、学术机构、法律事务所、卫生组织和政府机构。[①]

CCC 对世界最热门的印刷和在线内容进行授权和许可。CCC 的首要原则是自愿原则。CCC 拥有一个面向权利人和使用者的自愿登记系统运营，版权持有者和内容使用者可以自愿进行登记，通过 CCC 进行版权结算、获得许可使用。CCC 授权作品形式包括图书、图片、期刊、电子书、报纸、博客等。

CCC 是一个许可平台，上面没有内容。CCC 并不是将内容放在网站上让人们下载，而是记录作品的信息，以书为例，会有语言类别、书名、书号、出版者名称等基本信息，同时注明可以选择的授权方式。一般情况下，CCC 只提供一个授权，其类似于"一揽子"授权的年度协议。它有两种形式，其一是以纸质印刷或者数字的形式向商业机构提供授权，如面向营利性企业的授权；其二是向学术机构提供授权。

CCC 是版权所有人和内容使用者之间的纽带，它可以将复杂的环节简单化，在不违背版权法律规定的前提下，实现让版权所有人和内容使用者各取所需。首先，CCC 联系出版社和版权所有者，获得授权后将版权作品集中到 CCC 平台上，内容使用者可以在 CCC 平台上进行自由选择并决定是否购买，之后以与 CCC 签订协议的方式根据需要使用内容区分是一次性授权还是年度授权，并依据实际情况进行一次性付费或者年底付费；接下来，CCC 将所收取费用分别计算，一次性支付给不同的出版社或者版权所有者。CCC 平台的搭建类似将版权作品摆上超市货架，任人自由选购，当

---

① CCC 官网：http://www.copyright.com/search.do? operation = show&page = academic. 最后访问日期：2015 - 04 - 13.

然它更像是电子商店。CCC 平台本身接近于版权代理人，帮助版权所有者为使用者提供版权作品的使用、复制等传播服务。

与美国其他的版权集体管理组织不同，CCC 集体授权以自愿和非独家为特征。出版社或者版权持有人授权给 CCC 之后，可以同其他版权组织签订协议。权利人同 CCC 签订的协议是一次性的标准化协议，但也可以进行有限的调整，不局限于任何一种特定的形式。①

除 ASCAP、CCC、BMI、SESAC（欧洲戏剧作者曲作者协会）等专注于某些作品或者权利的集体管理组织外，美国版权集体管理中还有关于某一种权利授权的联合组织。自动点唱机许可证办公室（Jukebox License Office，简称 JLO）即是美国三大表演权组织 ASCAP、BMI 和 SESAC 的联合组织，负责三大表演权组织收集的所有歌曲自动唱片点唱机授权许可的统一发放。JLO 自动点唱机许可协议是一个授权单一的组织，只提供自动点唱机的表演许可。JLO 所提供表演权许可的作品几乎覆盖了整个美国和世界大部分地区。每年发放一次许可。每一台获得许可的自动点唱机上都必须标有一个由 JLO 颁发的标题显示版权所有人的许可证书。JLO 接受民众对于未经授权的自动点唱机的信息反馈，民众如果发现一个自动点唱机没有证书，可以将该自动点唱机所在的位置、编号名称等信息通过邮件反馈给 JLO。

3.3 国外版权集体管理模式对中国的启示

德国和美国版权集体管理组织分别运用垄断和自由竞争两种模式，在各自国家的版权保护和交易中发挥作用。就两国版权集体管理的现实效果而言，广泛的会员覆盖、高效的许可费用收转、低水平的管理成本控制使得这两种不同模式的版权集体管理制度都能够取得更多权利人的信任而得以稳步发展。当然不论在德国还是美国，版权集体管理所实行的授权方式并非完美无缺，事实上不论是 GEMA 还是美国诸多从事版权集体管理活动的组织，也不断受到来自权利人、使用者以及政府和公众的质疑。上述两种模式下版权集体管理制度的经验，或对中国的版权集体管理具体方式的选择有所启示。

---

① 橘子．美国版权结算中心：如何让内容变成效益 [N]．中国文化报，2013 – 06 – 15.

3.3.1　德国和美国版权集体管理的效果

应该说，德国和美国的实践证实了版权集体管理的价值和意义所在，为版权持有人实现自己的权利发挥了不可替代的作用。2011 年，GEMA 在德国的许可收入中，用于版权集体管理组织日常运行和维权诉讼的费用等管理成本不到总收入的 15%，收入的大部分以多种方式发放到词曲作者、出版商等版权持有人手中。美国众多富有活力的版权集体管理组织中，数十家集体管理组织已具有相当的影响力。2010 年 ASCAP 年报显示当年协会的版权总收入为 9.3 亿美元，其中用于支付协会管理成本的费用为 0.9 亿美元，管理成本不到总收入的 10%。其余超过 90% 的收入都分发到版权人手中。BMI 同年版税总收入为 9.1 亿美元，其中管理费用为 1.21 亿美元，仅占版税总收入的 13%。

当然，德国和美国的版权集体管理并非完美无缺，事实上，德国的 GEMA 和美国的诸多版权集体管理组织在版权许可发放的过程中也不可避免地受到一些批评。

GEMA 每年收入的一半多是通过侵权诉讼获取。这在很大程度上是因为 GEMA 在德国收取许可费用的工作并不顺利。GEMA 为考虑演出的实际情况而制定复杂的收费标准并不被使用者理解，收取许可费用时经常遇到阻力。还有一些领域的音乐使用者如柏林进行音乐、舞蹈表演的文化俱乐部则认为 GEMA 的收费过高影响到他们的生存。由于这些文化俱乐部关系到外来游客的数量与消费，因此他们的诉求也受到从柏林市政府到餐饮行业的支持与共鸣。这使得 GEMA 不得不与各类与音乐相关的行业协会进行谈判，以制定出使用者满意的收费标准。GEMA 的专属授权也使得德国的音乐人常常遇到需要为使用自己的版权作品而支付使用费的情况。面对 GEMA 在现实中遇到的问题，一些人也想成立类似协会来进行版权的集体管理，但这在法律上是不被允许的。因为 GEMA 的垄断地位受法律保护，德国一切公开的音乐表演和播放都只能通过 GEMA 支付版税。[①]

竞争模式下的美国版权集体管理制度也并没有完全受到市场的认可。2015 年 2 月 5 日，美国版权局发布了题为《版权与音乐市场》的报告。该报告对现有音乐许可制度进行了检视，认为现有的音乐许可制度不能有效

---

① 德国音乐界的愤怒：抗议 GEMA. http://blog.sina.com.cn/s/blog_ 6970916e0101c5uz. html. 最后访问日期：2015 – 03 – 08.

调节音乐创作和不断变化的投资需要之间的矛盾。该报告就如何向词曲作者、艺术家、出版商、唱片公司和数字服务商提供帮助向美国诸多从事音乐集体授权的协会组织提出建议。报告指出，音乐具有文化本质，并且对世界经济意义重大。但是现实中，音乐的创作者们的劳动得不到公平的补偿，这种状况既不符合版权法的精神，也不利于一个国家创造力的积累。报告提出四方面建议：①音乐创作者应该获得公平的补偿；②许可过程应该效率更高；③版权交易市场的参与者应享有权威的数据，来识别和许可音乐作品；④付款和使用方法信息应以更加透明方式提供给使用者。版权局的建议几乎涉及音乐使用的每一个方面，这些建议指向建立一系列更合理的音乐版权许可制度，以平衡各方利益。[①]

3.3.2 德、美两国版权集体管理模式对中国的启示

德国版权集体管理制度是垄断模式的典型代表，而美国版权集体管理是自由竞争模式的典型代表。这两种模式的版权集体管理制度分别被大陆法系和普通法系国家运用。两种模式在版权集体管理组织设立、职能安排上各有特点，尽管任何一种模式下的版权集体管理在实践中都遇到批评和质疑，但是整体而言，对其实现版权价值具有重要意义和作用。

国外版权集体管理的经验能够为中国相关制度的建设提供参考。

第一，中国版权集体管理存在两种选择，即垄断模式和自由竞争模式。目前，中国版权集体管理采用垄断模式，但是，这并不意味着不能够进行新的尝试。德国 GEMA 对德国音乐表演权的垄断在本国备受争议，中国当前由政府主导的版权集体管理工作也引发不少人对于垄断的担忧。从美国的经验来看，允许在同一领域设置多家版权集体管理组织对于激活集体组织能量、防止集体组织滥用权利具有显著优势。当然，多家版权集体管理组织的存在势必会增加权利人选择和转会的成本，如果集体管理组织的数量多到权利人在选择的过程中需要付出过高的信息搜集成本，那么集体管理组织将失去意义。因此，在进行这一尝试的过程中，也存在两种选择。其一，如同美国一样，不对集体管理组织的设立做出门槛设置，完全交由市场对众多集体管理组织进行筛选，最终形成数量有限的若干集体管理组织成为大多数权利人的选择；其二，依然采用与德国相同的设立方

---

① 美国版权办公室官网：http://copyright.gov/docs/musiclicensingstudy/. 最后访问日期：2015-03-08.

式,由国家批准成立集体管理组织,国家以行政手段控制版权集体管理组织的数量与分布,允许同一领域存在数量有限的若干集体管理组织相互竞争,为权利人和使用者提供更多选择。

第二,德国版权集体管理模式与当前中国版权集体管理存在更多相似之处,因此值得深入研究。GEMA几乎完全垄断德国音乐版权的集体管理,尽管其垄断性受到诸多批评,但是并不影响其继续发挥作用。探其究竟,该版权集体管理组织坚定地履行职能是其在批评声中依然不断发展的原因所在。该组织严格按照与各方面使用者达成的协议进行许可费用的收取,并且对使用者的意见做出及时、灵活的反应,适时调整收费标准和方式。而在遇到会员作品被侵权的情况,GEMA会以自己的名义对侵权者发起诉讼,坚定执行其诉讼职能,维护会员权利。因此,GEMA每年有相当比例的收入并非来自正常的使用费的收取,而是通过侵权诉讼获得。反观中国版权集体管理组织,在诸如诉讼等职能的安排上,同样具有作为的空间,遗憾的是目前的成果尚不理想。事实上,不论在垄断模式还是自由竞争模式下,版权集体管理组织由最初的成立到获取权利人的信任需要一个过程,在这个过程中,版权集体管理组织只有坚定地履行自身职能,才能体现其价值,获得继续发展的机会。GEMA由国家批准成立,被明确赋予垄断地位,德国国内一些对其垄断性的批评者尝试另行成立与之竞争的集体管理组织,GEMA依据法律规定对此发起诉讼并获得法庭支持。可见,版权集体管理组织履行其职能也包括对组织自身的维护。这同样值得中国版权集体管理组织借鉴。

第4章

中国版权集体管理制度失灵的原因
——基于理论层面的探讨

通过对两大法系具有代表性的两个国家各自版权集体管理制度运行情况的考察，我们发现，在大陆法系的德国和普通法系的美国，版权集体管理制度建立条件、运行机制均有一定差异。即便如此，德国和美国版权制度及版权集体管理均保持高水平的良性运转。中国版权集体管理制度是外力推动下移植西方版权制度建立的。令人遗憾的是，相比较于德国和美国，中国版权集体管理制度并没有发挥其应有的功能。

从制度移植角度出发，新环境下人们的版权意识、社会对新制度的接受、认可是版权制度移植成功与否的关键所在。正如美国学者阿兰·沃森所言："一次成功的法律移植——正如人体器官的移植——应该在新的机体内成长，并成为新机体的有机组成部分，如同那些在其母体内继续发展的规范与制度一样。移植法律在新的环境中不应由于原有文化的抗拒而萎缩。"[①] 从新制度经济学关于制度构成的相关论述出发，非正式规则对于正式规则的顺利实施运转具有决定性的支撑作用。只有非正式规则所包含的社会文化、人们的认知与正式规则相容而不是发生矛盾的情况下，法律法规等正式规则才能够发挥其正常的功能，起到积极的规范和约束作用。

---

① [美]阿兰·沃森. 法律移植论. 比较法学读本 [M]. 贺卫方译. 高鸿钧，赖骏楠，鲁楠，马剑银编，上海：上海交通大学出版社，2011：230.

当我们对中国版权集体制度的失灵在理论层面进行探讨时，法律移植理论和新制度经济学中关于制度构成的观点都将制度失灵的关键因素指向非正式规则与正式规则的相容性。包括集体管理在内的版权制度在中国并非自发形成，而是来自中国经济向外发展的过程中的被动移植，具有鲜明的被动性。制度移植的被动性导致相关理论和制度文化的准备不足，制度失灵由此发生。

4.1 成功的制度移植：正式规则与非正式规则相容

4.1.1 制度的可移植性论证

不论从实践角度出发还是从理论角度出发，制度移植均有其合理性。

首先，制度的移植是在历史实践中被证明是合理、可行的。人类历史的发展离不开国与国之间相互的学习。法律制度作为管理社会的有效手段，其借鉴、移植在历史上经常发生。19世纪60年代日本明治维新所进行的自上而下的现代化改革中，日本全面向西方学习，这其中就包括法律制度的移植，最终使国家走上强盛道路。而再向前追溯，中国在封建社会的强盛时期也曾是周边各国学习的对象。唐代的律法《唐律》作为中国古代最早、最完整的一部法典，曾经是亚洲各国立法参照、移植的对象。日本书武天皇制定《大宝律令》在篇目、次序以及文句的安排上都有大量完全照搬的内容。朝鲜高丽王朝开始的法制也基本沿袭唐代律法。亚洲各国对于唐朝律法的移植对于这些国家法制的建设和国家的管理起到积极作用。

其次，从制度变迁的成本看，制度移植能够降低制度变迁的成本。在发展中国家，制度供给不足是一个普遍存在的现象。制度供给的成本包括制度规划设计、组织实施的费用、清除旧制度和消除制度变革阻力的费用、制度变革及其变迁造成的损失、实施成本和随机成本。这些成本的存在成为发展中国家制度创新的障碍。因此，对于这些发展中国家而言，相较于自己尝试制度创新，从发达国家移植那些已经被证明卓有成效的成熟的制度，成本会小很多。①

再次，从中国社会发展的角度看，制度移植反映了中国社会发展与国际社会发展的不平衡以及中国社会发展与国际接轨的内在要求。制度移植有利于减少中国在国际交往中与国际社会的制度冲突。就版权集体管理制度而言，建立在版权自由交易基础上的版权集体管理制度是西方版权经济发展到一定阶段的产物。包括版权集体管理在内的中国现代版权制度的确立来自于对西方版权法律制度的移植。西方市场经济的发展走在中国之前，作为后起的现代化国家，不可避免地要对西方先进的生产关系进行借鉴和学习。②

4.1.2 制度移植的成功需要正式规则与非正式规则的相容

制度移植就是正式规则从一个国家或地区向另一个国家或地区的推广或引入。这一概念与比较法学中"法律移植"的概念接近。法律移植是指特定国家或地区的某种法律规则移植到其他国家或地区的情形。③ 有学者认为法律移植的意义在于在鉴别、认同、整合、调适的基础上，引进、吸收、摄取、采纳、同化外国包括法律概念、技术、规范、原则、制度和法律观念在内的法律，使其为本国所用。法律移植的范围包括外国的法律和国际法律和惯例。④ 此外还有观点指出，"移植"这一概念与"继受""影响""借鉴""本土化"等概念不同，"移植"具有"改变受体的环境，营造能够使植体存活、生长的条件"的意义，也就是说，法律的移植要保持该法律原有的功能。⑤ 借用法律移植的观点，考察制度移植是否成功，需要关注两个问题，其一，被移植的内容——正式规则是否能够保持其原有功能；其二，受体环境——非正式规则是否能够营造使被移植的正式规则存在、发展的条件。这就涉及对制度移植、正式规则与非正式规则三者关系的认识。

诺思把制度看作是一个社会中的游戏规则。制度是一些人为的设定，

---

① 徐琳. 移植与成长——中国立法听证制度的政治学分析 [M]. 北京：中国社会科学出版社, 2011: 84.
② 郝铁川. 中国法制现代化与移植西方法律 [J]. 法学, 1993 (09).
③ 王勇. 法律移植研究与当代中国的法律现代化 [J]. 法制与社会发展, 2008 (04).
④ 张文显. 继承·移植·改革：法律发展的必由之路 [J]. 社会科学战线, 1995 (2).
⑤ 何勤华, 李秀清. 外国法与中国法——20世纪中国移植外国法反思 [M]. 北京：中国政法大学出版社, 2003: 187-188.

它决定人们的相互作用。制度建立了人们在政治、社会或经济交换的激励结构，决定社会演进的方式，是理解历史变迁的关键。① 诺思将制度分为三种类型：正式规则、非正式规则和这些规则的实施机制。正式规则是一种国家规定，它是以某种明确的形式被确定下来，并且由国家强制力来保证实施并监督的成文法律、法规、政策、规章、契约等；非正式规则是一种社会认可，它指那些形成于社会的，对人的行为起到约束的不成文的价值信念、伦理规范、道德观念、风俗习惯和意识形态等；实施机制是规则实施的程序和过程，是制度内部各要素之间彼此依存，有机结合和自动调节所形成的内在关联和运行方式。这三部分构成完整的制度内涵，是一个不可分割的整体。据此，版权集体管理制度也包含三方面内容：其一为正式规则部分，即国家为了促进版权集体管理制度发展，规范版权集体管理行为而制定的一系列法律、法规规章和其他规范性文件；其二为非正式规则部分，即社会普遍认可和接受的关于版权的思想观念、伦理道德、经验体会及文化积淀等；其三为实施机制部分，即为了保障正式规则与非正式规则的贯彻实施而实行的集体管理运作模式即版权集体管理组织及其运行。制度的发展与社会政治、经济、文化以及自然条件关系密不可分，因此，制度移植也不能超越社会而孤立存在。② 新制度经济学认为，正式规则只有在社会认可，即与非正式规则相容的情况下，才能发挥作用。

  根据新制度经济学制度构成理论，正式规则、非正式规则以及其实施机制这三个因素共同决定经济制度的变迁或市场经济的演化。正式规则又称正式约束，包括政治规则、经济规则和契约等。它由公共权威机构制定或由有关各方共同制定，具有强制力。非正式规则又称非正式约束，它具有持久的生命力，它在人们的社会交往中无意识形成，构成文化的一部分，代代相传。非正式规则主要包括伦理规范、道德观念、价值信念、风俗习性、意识形态等因素。非正式规则并非恒久不变，有的非正式规则最终可能演化为正式规则。理论将制度划分为正式规则与非正式规则，更多是为了理论分析的方便，在现实的社会经济生活中，正式规则与非正式规则共同影响经济发展，两者并非泾渭分明。正式规则往往通过确定的文字表达来体现，它清晰、具体，易于传播，由此在制度移植过程中，它更容易被快速获得。但仅仅引进经济市场和政治市场的正式规则还不能实现成

---

① [美] 诺思著．制度、意识形态和经济绩效 [M]．杭行译．上海：格致出版社，2008：110．
② 沈宗灵．论法律移植与比较法学 [J]．外国法译评，1995（01）．

功的制度移植。例如苏联和东欧，尽管它们的宪法都修改了，却未能形成有效的市场经济。可见，正式规则与非正式规则相互联系、彼此制约。移植正式规则需要非正式规则的支持，并为正式规则提供合法性。①

从某种程度上说，非正式规则比正式规则更为重要。正式规则有可能在一夜之间发生更替，而非正式规则的变化不会一蹴而就，它要经历一个潜移默化的漫长过程。制度具有可移植性，一些正式规则特别是那些通行于国际的正式规则，能够从一个国家或者地区移植到另一个国家或者地区，这一过程降低了制度创新和制度变迁的成本。但是在制度的移植过程中，非正式规则由于和被移植国家和地区原有的社会文化、历史传承密切相关，很有可能成为制度成功移植的最大障碍。当受体环境的非正式规则因为历史惯性而难以迅速发生变化的情况下，新移植来的正式规则和旧有的非正式规则必然形成冲突。其结果是，移植而来的制度可能遭遇施行的困难，起不到预期的效果。通常主动进行制度移植的国家，都想通过尽快改变正式制度来实现新旧体制的转轨，但是往往这种正式制度的改变无法实现人们对于速度的要求。因为要使移植的正式制度发挥功能，需要本土环境具备接受这种新移来制度的条件，这可能需要一段时间。否则，正式制度与非正式制度将形成一种对立，这种对立的程度取决于新移来的正式制度与原有非正式制度之间的偏离程度。②

4.2 制度移植的被动性导致集体管理正式规则与非正式规则无法相容

4.2.1 包括集体管理在内的中国版权制度是被动移植的产物

自改革开放以来，中国现代版权制度的建设已走过三十多年历程。自1992年中国第一家版权集体管理组织——中国音乐著作权集体管理协会建立至今，版权集体管理制度也经历了二十多年的建设。在刚刚过去的这二三十年间，科学技术成为第一生产力，知识信息传播对于世界经济的推动

---

① 卢现祥. 新制度经济学[M]. 武汉：武汉大学出版社，2011：294.
② 李新，刘军梅. 经济转型比较制度分析[M]. 上海：复旦大学出版社，2009：15.

显而易见。版权在智力成果转化为现实生产力的过程中发挥重要作用。从制度建设的实践过程看，版权制度应当建立在与之相匹配的经济、文化发展基础之上，然而，包括集体管理在内中国版权制度的建设从国家经济起步开始便进入高速发展，并超越西方发达国家的经验，在短短三十余年的时间中，走完西方数百年才完成的制度建设路程，最终与国际接轨，建立起具有世界先进水平的版权制度。前世界知识产权组织（WIPO）总干事阿帕德·鲍格胥评价："这在知识产权发展史上是独一无二的。"版权集体管理制度作为中国版权制度的重要组成部分，其发展历程体现了这一非凡的速度。法国作曲者和出版者协会（SACEM）至今为实现法国音乐人的版权利益高效运转，它的历史可以追溯到1847年，是世界上第一家版权集体管理组织。相比之下，中国音乐著作权协会的成立不仅晚之百余年，其20余年运行的时间相比较于这一世界上拥有最悠久历史的版权集体管理组织接近两百年的运行时间，也是非常短暂的。

　　包括集体管理组织在内的中国版权制度建设的可贵之处在于实现了两大跨越：其一，实现了版权从计划经济下完全无产权界定到承认其为私有产权并加以保护的观念的跨越；其二，实现了版权法律体系从无到有乃至完备并直接与国际接轨的跨越。当然如此激烈的变革很难自觉自发完成，事实上，中国版权制度的建立，更多受到外力推动。

　　制度的移植通常分为两类：一类是主动移植，如上文提到的日本明治维新时期对西方各项制度的全面的移植，它属于制度移植国家主动对国外先进制度的学习和引入；另一类是被动移植，在这种情况下，制度移植的发生并非出于制度移植国家的自觉自愿，而是迫于外部的压力而做出的妥协。中国版权制度的建立具有鲜明的制度移植的被动性，它是中国经济向外发展过程中的不期而遇，其中，中美贸易以及复关谈判和加入世贸组织对中国版权制度建立的影响最大。

　　中美贸易是中国实行改革开放政策后需要直面的贸易关系。而在这场世界唯一超级大国和世界上最大的发展中国家的合作中，保护知识产权成为最具挑战性的议题。1979年1月，中美两国在华盛顿签订《中美高能物理协定》，美方在这次谈判中提出"版权"这一对中国代表而言很陌生的概念。最终，中方同意将版权保护的原则性条款写入协议，条款细节留待专家另行谈判。6个月后，中美双方在北京就中美贸易关系协定进行谈判，美方态度强硬要求加入一个保护对方包括版权在内的知识产权的条款。与此同时，一份关于起草版权法和逐步加入国际版权公约的报告已经呈送至国家领导人手中并得到肯定批复。可以说，是中美贸易活动开启了中国现代版权制度建设。此后,版权问题始终是中美贸易谈判的核心问题,中国自1989年起数次被美国贸易代表据其贸易法中关于版权保护的"特殊301条款"之规定划定为"拒绝为知识产权提供充分、有效保护的国家"。随着中国经济的发展和中美贸易关系的不断加深,关于版权的贸易谈判在曲折中艰难前行。不可否认的是,中美贸易伴随的版权争议一方面使中国在国际贸易合作中屡屡陷入被动局面,另一方面也促进了中国版权制度的快速发展。中美之间先后达成的《关于知识产权保护的谅解备忘录》《中美关于保护知识产权的协议》等文件协议对于中国加强知识产权保护、制定与完善与国际接轨的版权法并参加相关的版权国际公约等制度建设均起到积极作用。[1]

复关谈判与加入世贸组织(WTO)是中美贸易谈判的延伸,是中国在更大的国际贸易舞台所付出的努力。从1986年正式申请恢复关贸总协定(GATT)缔约国地位到2001年加入世贸组织(WTO),历时15年艰苦谈判。在此期间,中国参与起草、协商和制定了《与贸易有关的知识产权协议》(TRIPS)。为实现对WTO有关版权的承诺,中国完成了一系列知识产权法律法规的制定和修改,客观上促使中国版权制度迈入世界先进水平行列。[2]

可见,在中美贸易谈判以及复关谈判和入世谈判等来自外界的力量推动之下,中国现代版权制度并没有沿着西方经验逐步形成,而是以疾风暴雨的态势迅速与国际接轨,这是中国经济高速发展并迫切融入国际社会的必然要求,谈判期间更多是中国向外界的妥协与接受。这些妥协与接受的核心在于树立起在国际贸易中共同保护各国知识产权的规则,它体现为按照国际惯例制定、完善国内与版权相关的法律法规并对外签订一系列与版权相关的国际公约。这一过程事实上是西方法制移植进入中国的过程,尽管它更多受到外力驱使,本质上也是中国经济发展的内在需要。版权集体管理作为西方版权制度中较为成熟的用于集中管理作者版权的制度,在现实的市场需要和版权制度移植的大背景下自然在中国生根发芽。

4.2.2 中国现代版权制度建立的被动性特征

通过以上分析,可以得出中国现代版权制度的建立具有被动性特征的

---

[1] 郝铁川.中国法制现代化与移植西方法律[J].法学.1993(09).
[2] 谢晓尧,陈贤凯.知识的产权革命——知识产权立法的"中国奇迹"[J].法学评论,2010(03).

结论。

首先,制度建立的动机具有被动性。如上所述,中国现代版权建立的契机源于与美国的贸易谈判。中国与美国进行贸易谈判的目的在于打开国门,引入技术和资金,发展国民经济,拓展海外市场。从这一目的出发,谈判的对象不可避免地要涉及版权作品。而基于改革开放之初国家科技、文化事业的现代化建设刚刚起步的现实,甚至可以说,中国的需要与国际社会对于版权的强调是一对矛盾。对于利用先进科学技术成果来推动生产力发展有着无限憧憬的中国对于国家建设所需投入的各种成本并没有清晰的认识,版权便是超越绝大多数中国人认知的一个概念。当版权问题成为中国与外界贸易联系最大的障碍,面对以美国为代表的强势经济体不可能让步的版权保护要求,引入版权保护,建立版权制度是中国发展唯一能够选择的道路。因此,就动机而言,中国版权制度的建立具有强烈的被动性。

其次,内容具有被动性。由于中国版权制度建立的出发点在于开展更多的国际合作,因此,包括国内制定的关于版权的各种法律法规和与其他各国或国际组织签订的国际条约在内的各种制度规则均不可避免地要体现外界要求。如果说《著作权法》等国内法的制定与修改尚且能够更多关注本国版权人的各项权利主张,那么通过签订《伯尔尼公约》《世界版权公约》及《TRIPS协定》等国际上与版权保护有关的公约则是将国际公约条款变为在国内生效的版权保护规范,而这些国际公约内容往往更多地体现西方发达国家特别是美国的利益所在,公约的签署无疑扩大了西方强势话语权对于中国版权制度的影响。

最后,制度实施具有被动性。中国版权制度移植自西方,实施在中国境内。制度的实施并非具备一套完备的法律法规体系即可,它需要与制度配套的社会文化环境。人们的版权意识、社会对于版权保护的认可程度都会影响版权制度的实施。源于西方的版权制度是在西方商业文化传统中逐渐形成完备的,西方法律之上的法治思想和以权利观念为核心的法治理念对于版权制度的有效实施具有强大的保障作用,而中国公众理解并自觉接受现代版权观念需要一个长期的过程,这一过程受制于传统文化的历史惰性以及在此基础上形成的较为淡漠的版权意识。只有同中国固有思想和话语体系相匹配,才能够真正成为中国人自觉自愿遵守的制度规范。①

---

① 赵克祥. 文化冲突与中国版权制度移植——基于典型话语的分析 [J]. 知识产权, 2014 (02).

综上可见，中国版权制度是外力推动的产物，其中中美贸易谈判和复关以及加入世界贸易组织的谈判对制度的建立有着巨大影响。由此带来的问题是版权制度建立的动机、制度规则的内容以及制度的实施均表现出一定的被动性。

第5章

中国版权集体管理制度失灵的原因
——基于实践经验的考察

版权集体管理制度是将版权持有人难以自己行使、使用者难以一一获得授权的分散的、个别的权利集中起来行使的版权行使方式。其本质与一般情形下版权持有者单独行使权利并无二致，均为版权权利实现的过程。因此，版权集体管理制度运行必然遵循版权实现的一般规律。就制度运行所处社会文化环境即非正式规则而言，版权的实现需要以版权在社会文化中被承认为基础。与此同时，版权集体管理作为一种对权利的调整和界定方式，其行使需要相应的文化支持，权利集中行使所需的社会化协作接受程度、群己关系的价值取向会影响到版权集体管理制度的运行。

西方版权法治文化形成的过程显示，西方商业文化的繁荣和法治理念的深入人心为现代版权制度的顺利运行提供了良好的文化基础和社会保障。反观中国古代，重农抑商的治国政策、轻忽私权的价值观念以及重思想轻形式的创作传统无不对现代版权贸易及版权制度的建立和发展形成阻力。中西方文化作为非正式规则在版权相关的法律制度运行的过程中表现出两种截然不同的对待版权的态度。西方文化将版权作为一项神圣的个人权利加以推崇，并以法律的形式将对版权的尊重进行强化和规范，而中国传统文化对版权的认识存在极大的局限，不仅在对版权价值的认知领域存在空白，甚至在作品的使用方式上具有鼓励无偿使用的嫌疑。因此，就制度运行的一般经验而言，对于版权权利的认可与否是包括集体管理在内的版权制度运行好坏的基础，中国传统文化涉及版权认识所具有的局限性导致从西方移植而来的版权制度很难在中国原有文化土壤中汲取到充足的养分而茁壮成长，其运行失灵几乎在所难免。

而就版权集体管理运行失灵的特殊经验而言，一方面，中国农耕文明自身蕴含的循环与恒久意识对于社会化大生产的发生具有天然的排斥，而版权集体管理制度正是依靠社会协作将个人的权利行使调整为集体行为。另一方面，传统文化中集体主义的群己关系更强调人作为其身所处伦理关系中特定坐标应遵守某种行为准则，而非版权集体管理组织所要实现的版权持有人作为独立个体其权利应在集体管理中得到更加规范和充分的实现。

5.1 制度运行的一般经验：对版权权利的认可是版权制度运行的基础

从交易成本理论理解版权集体管理制度，该制度是一项以产权的调整为基础的制度，他将诸多单个权利人分散的权利集中行使，从而有效减少交易成本，实现财富最大化。当我们将研究的视线从该制度所凭借的版权集体管理组织的具体操作实践中暂时抽离，并落在该制度所围绕的核心即版权的实现上时，制度构成中非正式规则即社会文化中对于移植而来的版权概念的认知和接受就显得至关重要。事实上，集体管理是实际操作层面对版权进行调整和实现的技术方法，实践证明，不同的方式、方法在不同的国家均能够得以顺利运用，而对于集体管理所指向的权利本身即版权及其文化的研究才能够揭示版权集体管理制度无法良性运转的深层原因。

文化是人类在社会历史进程中所创造的物质财富和精神财富的积累和沉淀，文化对人类社会的发展有着持续而强大的影响。[①] 一个国家、一个民族集体的思想观念、价值标准势必会渗透在这个国家、这个民族社会生活的方方面面，包括制度的建设和执行。版权文化在包括版权集体管理在内的版权制度的运行中起到不可忽视的作用。如果作为非正式规则的版权文化对于版权本身是不认可的，那么不论将它集中起来还是任之自然分散，其结果是一样的，都会表现为权利的失落。中西方社会文化对于版权

---

① 高涤陈. 东西方商业文化差异与贸易 [J]. 财贸经济, 1999 (08).

的观照存在较大差异，起源于西方的现代版权概念在中国传统文化中缺少必要的认同。

5.1.1　西方商业文化和法治理念是现代版权文化形成的基础

在媒介融合背景下，"出版"的内涵已经转变为以版权为核心的资源整合与文化传播行为。版权管理成为中国出版业界和学界共同关注的论题。现实中，侵权盗版、交易不规范等版权问题频现。当人们去探究问题的根源并试图寻找解决之道时，民众的版权意识往往被无奈地提起而后又被无助地放下。版权意识是一种文化层面的积累和沉淀。探究现代版权文化形成过程中的商业传统和法治理念，对于寻找到推动当下中国版权制度建设的着力点、提升民众版权意识具有重要意义。

文化是人类在社会历史进程中所创造的物质财富和精神财富的总和。一个国家、一个民族集体的思想观念、价值标准势必会渗透在这个国家、这个民族社会生活的方方面面，包括制度的建设和执行。版权文化在版权制度的运行中起到不可忽视的作用。缺乏有力的文化支撑，合理的制度也无法阻止权利的失落。起源于西方的现代版权制度建立在相应的版权文化基础之上，而西方商业传统和法治理念在现代版权文化的形成过程中扮演了重要的角色。

（1）商业传统是版权贸易的实践基础

西方商业的繁荣为版权的商品化提供了普遍的社会认同和成熟的运作模式。纵观西方历史发展，我们发现商业传统伴随着西方社会发展的全过程，尤其是近代以来，对于商业的重视促使资本主义自由经济得到充分的发育，帮助西方国家走向富强。而西方商业传统的核心价值也是社会各项制度包括版权制度得以有效运转的重要保障。

西方商业传统的形成。西方商业传统起源于古代腓尼基地区。古代腓尼基人善于航海和经商，他们乘风破浪，来到许多被认为是世界尽头的地方，建立殖民地、播撒商业的种子。古希腊人继承这两大技能，他们活跃在地中海沿海，从事贸易和其他活动，面对无法预测的风云变幻和猖獗的海盗活动，人们采用流动和冒险的方式保持团队的生存与发展。

海上贸易利益与风险并重。古希腊执政者出台法律和政策来保护和扶持贸易，商人对于国家经济繁荣的重要性得到凸显和认可。但自此开始的商业传统的发展并非一帆风顺。进入中世纪，欧洲战争频繁，经济发展停滞，商人也受到歧视。随着后期城市经济的发展，人文主义思想萌出，通过劳动取得金钱成为人的权利和快乐，经商活动和财富的积累才再一次受到肯定。商人地位的提高促进了贸易经济的发展和商业文化的繁荣。文艺复兴时期地中海内海贸易发达，自由市场欣欣向荣，西方社会对于商业和商人的认同度不断加强，人们怀揣发财梦迎来大航海时代，由此催生的资产阶级革命大大促进了资本主义的发展。

启蒙运动宣扬理性，为商业传统的迅速发展推波助澜。人们在实践中认识到工具的有用性，追求事物的最大功效，以此实现功利的目的。这导致极端的个人主义和功利主义，追求私利成为人们行为的出发点。同时，对于私利的追求和满足也被市场供需牵引，这在客观上导向社会财富的流动，在英国，自由主义经济模式逐渐建立起来，商业获得极大的发展，商业意识渗透进社会的每一个角落。

商业立国在美国同样大行其道。17世纪，来自英国的早期移民与宗主国英国进行物资的往来，他们把原料和奢侈品运输出殖民地，从英国换回本地人完全陌生的工业产品，波士顿等港口城市因此兴盛起来。独立之前，英国在殖民地推行的重商主义政策加剧了美国沿海地区与英国的商业往来。随着北美殖民地逐渐发展壮大，北美开始为独立而战，争取独立发展自己的工商业，最终也获得成功，国家快速发展。南北战争后，美国政治和经济彻底摆脱殖民统治，经济快速发展，商业活动越来越得到社会的认同和政府的鼓励。进入20世纪，随着西进运动、领土拓展、美西战争等一系列的扩张运动，美国逐渐成为资本主义强国。19世纪下半叶，最低政府干预的自由主义经济政策令私人企业大放异彩。到了20世纪初，美国已经成为经济总量居世界首位的国家。

两次世界大战中，美国的重商政策更加显露。柯立芝总统曾经宣称："美国的事务就是做生意。"血液中流淌着冒险精神的美国人在战争中再次磨炼了敏锐的财富洞察力，在各种冒险中变得更加勇敢、投机、充满野心，崇尚商业成功的传统由此形成。

商业传统的发展伴随欧洲经济的起源、发展和繁荣，更助推美国成为世界经济最强国。极为可贵的是，在不断战乱、分裂的西方社会发展历史上，商业传统的成长有过低谷，却从未曾没落、断层。持续的传承赋予西方商业文化坚实的实践根基，商业意识和贸易观念渗透在西方社会各阶层。公元前3世纪的罗马已经出现了西方最早的图书业，尽管此后经历漫长的手抄书时代乃至进入印刷时代，作者的权利并没有立刻被意识和发现，但是承载知识信息的图书被作为商品进行买卖，这一交易不仅仅是对纸张和油墨等物质价值的肯定，也是对知识信息价值的认可。1667年4月27日约翰·弥尔顿将《失乐园》书稿以10英镑的价格转让给出版商萨缪尔·西蒙斯，并签订合同约定弥尔顿不得自行或再交由他人印刷或出版《失乐园》或与《失乐园》类似的图书或原稿。在1710年《安娜法》明确作者的权利之前，《失乐园》在作者与出版商之间的交易具有代表性，弥尔顿获得的10英镑除了书稿本身的价值，也包含允许他人印刷或出版其作品的个人权利。而在作者的权利逐渐被认识到后，版权作为一种无形财产，成为可以自由买卖的商品，在崇尚商业竞争的社会环境下，是一件顺理成章的事情。

西方商业传统尊重个人权利。在漫长的商业活动中，商人们逐渐形成一套共同遵守的行为规则和办事程序，它不仅与一定的历史时期、一定的需要和目的相结合，同时也与商业活动所在的社会环境发生互动，与人们的思维方式、心理结构形成一定的契合度，迎合并且影响人们的价值取向和道德观念。版权制度能够在欧洲大陆和美国得以良性运转，西方商业传统对于个人权利无限尊重的核心价值是其重要保障。

以文艺复兴为起点的西方现代文化崇尚商业，人们的商业活动体现商品经济要求和资本主义生产方式。思想文化领域的作品无不关注现实，秉持以人为本的主张。乔万尼·薄伽丘所著《十日谈》作为欧洲文学史上第一部现实主义巨著被意大利近代著名评论家桑克提斯与但丁的《神曲》相提并论，称为"人曲"。新兴的资产者和市民积极表达自己的主张和利益，宗教神权的统治受到巨大的冲击。随后发生在英国的工业革命很快席卷整个西方世界。在大机器代替手工劳作的过程中，尽管人的价值被质疑，但是随着大量集体协作作业的出现，人的价值和需要终究得到凸显。在工业革命早期，人们举家从村庄来到城市，投入大工业生产。城市生活的卫生、医疗、交易、养老、犯罪等问题开始涌现，社会福利保障体系的建设逐步展开并趋于标准化。同时，不断丰富的物质资源也使人们的生活水平得到提高。在工业化的过程中，工人阶级逐渐形成，他们建立组织、学习谈判，这加速了西方民主的进程。随着人的利益和力量不断被发现和放大，个人权利也越来越受到尊重。

西方的这种对个人权利的尊重是伴随资本主义经营活动规则的确立而形成的，与之并行发生的，还有商品经济的成熟和完备。商品等价交换的客观要求进一步加深平等的观念；商品冲破各种障碍和疆界，根据人们的需要自由流通的要求促进自由意识的发展；商品交换过程中谈判议价、充分表达买卖双方意愿的成交方式强化民主意识。这些在商品经济不断成熟和完备的过程中所形成的精神文化内容也正是西方社会文化大环境在商业领域的投射。平等、自由、民主的商业文化内核反映在商业活动中就集中体现在：商人把盈利建立在尊重顾客的基础之上，即所谓的"顾客是上帝"。在充分尊重和强调消费者权益的同时，西方商业文化对于个人利益、个人自由的追求有利于激发个人创造性，这赋予商业活动不断创新、灵活应变的能力。同时，价值主体自我化唤醒人的主体意识，商业活动的参与者需要拥有绝对的自主权，而商人实现自我的价值取向偏重实用和功利，追求实际利益的最大化。

版权作为一种私权，代表着作者针对作品的独立的权利。对于个人独立选择、意愿表达无限尊重的西方商业文化的核心，它与基于自由贸易建立起来的版权制度有着内在的契合。社会文化对于人们行为的约束是自发而有力的，它对于制度运行的保障作用无可替代。版权在商业传统的延续中实现自由交易，而尊重私权的商业文化又给予这种交易以可靠的保障。世界上最早的版权法《安娜法》是当时各方利益角逐妥协的产物，但其中不可忽视的是，只有在书业发展到一定程度，读者对于阅读产生更多需求的情况下，作品及与之相关权利的价值才会成为人们关注的焦点，而在趋向成熟的商业环境下，作者的个人权利才有可能受到尊重。

（2）法治理念是版权制度运行的思想基础

西方商业传统的传承为精神劳动的各类作品提供了交易的可能和依据，而交易的公平合理离不开对权利归属的确认。现代版权的私权属性得到认可，其背后的版权文化中存在法治理念的支持。亚里士多德在《政治学》一书中对法治有简洁的阐述，他认为法治应具有两层含义：其一，已有的法律得到普遍的服从；其二，普遍被服从的法律是良法。可见，法治包括两个方面内容：一方面需要确认法的地位，另一方面需要确认法的内容。就法的地位而言，法治要求法具备至高无上的权威；就法的内容而言，法要体现善意。

西方社会法律至上观念的形成。现代版权受法律保护，对于法律的普遍服从是版权得以保护的前提。法律至上的观念确认版权作为一种私权的神圣不可侵犯。关于西方社会法律至上观念的建立，我们能够从西方法治传统中找到其渊源。

从西方民主制度的实施来理解法律至上。首先，法律的制定和运作都存在民众直接或者间接参与的路径，这令法律具有一种全民契约的性质，不论在现实中遇到怎样的问题都更容易得到民众的尊重和服从。其次，法律强调个人权利的实现和保护，这使法律与普通民众的利益密切相关，更容易得到民众的关注和接近。再次，司法机构在长期的司法实践中积累了较高的权威和人们的信赖。

从西方法治传统来看，"法律至上"最早形成于古希腊城邦政治逐渐建立的过程中。荷马史诗中的"狄凯"被看作正义女神，"特弥斯"则代表着法律和惯例，史诗中，英雄们视正义为法律的基础。亚里士多德主张法治优于人治，并且认为法律应该由多数人制定，多数人的意见比少数人或者一个人的意见更正确。他的主张中含有法律作为一种权威和法律应该是一种良法的意义。雅典人基于对公平、正义的认同与追求而崇尚法律，这为西方民主和法治奠定了基础，并且延伸到近代。近代以来，基于商品交换的活跃所带来的利益，资产阶级启蒙思想家对于"法治"进行过系统论证。洛克在《政治论》一书中这样论述法律和权力的关系："法律一经制定，任何人也不能凭他自己的权威逃避法律的制裁；也不可能以地位优越为借口，放任自己或任何下属胡作非为，而要求免受法律的制裁。公民社会中的任何人都是不能免受它的权力的权威性。"卢梭、孟德斯鸠等人把法治看作是维护自由和平等的屏障，能够阻止凭借个人意志为所欲为的专制统治。潘恩和杰弗逊对于欧洲关于民主和法治的启蒙思想全盘接受并运用于他们在美国的治国实践中。他们宣布，法律应该成为国王，国家的权力来自宪法，宪法来自于人民的契约。19世纪末，英国宪法学家戴雪提出法律面前人人平等，宪法是个人权利与自由的结果，没有超越法律的权利和自由。西方近代法律至上的观念由此基本成型。

法律至上的观念影响着西方国家民众对于规则和法律的态度。一方面，人们尊重各种成文或者不成文的法律法规，其行为自觉受限于制度的安排；另一方面，人们对于违背规则和法律的行为持敏感态度，不会放任规则之外的行为发生。从《安娜法》问世至今，西方版权法律制度建设随着人们创作活动的丰富不断发展，法律的保护对象超越文字作品而涵盖了几乎所有类型的作品，权利内容也逐渐从复制权扩大到包括人身权和财产权的十多种权利。随着传播技术的不断进步，版权制度也不断面临考验，但是在一种普遍对法律的尊重氛围中，作品的使用保持着规范和有序。

西方法律以个人权利为出发点。西方法治理念除了要求法具有至高无上的地位，还要求法在内容上体现良善。西方法律以个人权利为出发点，所谓良法即能够保障人的权利的法。西方法律以个人权利为出发点，法律的价值在于确认和维护个人在经济、政治上的一系列权利，并在此基础上形成有利于个人生存发展的社会秩序。

西方法律重视个人权利，是思想上对于商业实践尊重个人权利的制度化。罗马人的《十二铜表法》作为成文法的开端，尽管维护的是当时的奴隶制社会，但是它的制定过程充满平民阶层向贵族阶层争取权利的斗争，反映了平民在政治、经济、法律地位上的利益诉求。在现代西方法律体系中，不论成文法系还是判例法系，法律制度背后均存在权利的观念。德国在反思纳粹政权的社会文化背景下，其法治文化更加注重人性尊严的满足，德国宪法对于个人意愿、个人选择、个人决定以及个人隐私的规定都以完整的人格概念为框架，并对权利的内涵做出细致的描述。美国人的权利意识则在1620年移民们乘坐"五月花"号到达美洲海岸时便已经非常明确，他们签订公约，将彼此的"同意"作为约定组成政治社会的前提。

现代版权作为作者的权利得到明确认可之前，经过了一个漫长的认识过程。在口传与手抄时代，由于缺乏控制手段，作品经口述或者手抄出现便失去对其传播过程进行保护的可能，创作者在其中的劳动价值无法得到体现。而在古登堡印刷术发明后的两百多年间，欧洲图书业快速发展，陆续出现与出版相关的法令，尽管在《安娜法》颁布之前，诸多出版审查和特许制度涉及有关出版的权利而未曾有一部法律或者命令明确作者的权利，但是，这些制度中已经出现作者的身影，这隐约浮现人们对于作者因创作而拥有权利的认识。1641年，英国国会颁布法令："除出版者与作者或者至少印刷者的姓名已登记备案以外，任何书籍不得付印。"[①] 尽管法令的目的在于控制那些政治上不易被接受的图书的流传，但它也表明人们已经认识到最终对书稿负责的应当是作者。可以说，现代版权是西方法治在对出版行业相关权利的确认过程中逐渐被认识和形成的，正是强烈的权利意识促使由创作而产生的权利归属于作者。法律对于权利的强调使人们对于自身权利以及他人权利的边界有着清晰的认识，不容越界。版权和其他权利一样植根于每一个人的观念当中，具有深入人心的力量。

在媒介融合的背景之下，出版已成为围绕版权所进行的资源配置和文化传播活动。版权制度的完善与实施不论在对内传播抑或对外传播中均为版权交易与管理的制度保障。当我们对现代版权文化的形成进行追根溯源的观察时，可以看到商业传统与法治理念是其最为显著的基础。而中国早在宋代已有国家禁止民间擅自刊刻的记录，民间也有刻书机构明确的声明，如眉山程舍人宅刊《东都事略》的牌记中有"已申上司，不许覆版"字样。这些与《安娜法》颁布前欧洲的原始版权概念如出一辙，且在时间

---

① 密尔顿. 论出版自由 [M]. 吴之椿, 译. 北京：商务印书馆, 1958: 51.

上甚至更早。数百年前东西方版权文化跨越千山万水的联系有待探究。当下中国经济与世界经济的融合渐入佳境,版权贸易方兴未艾,由经济互动带来的文化融合也将提醒国人重新认识创作的价值,并助其在实践中成长壮大,最终形成足以支撑制度实施的版权意识。

5.1.2 中国传统文化与现代版权理念存在冲突

宋刻《东都事略》一书前牌记刊有"眉山程舍人宅刊印,已申上司,不许覆版"。这是目前发现的世界上最早有关版权的声明。但它所反映的尚且不是现代意义上的版权观念。现代版权首先是属于作者的权利,其次并不依赖官方特许。这在"普天之下莫非王土"的封建统治下是不可能形成的。① 制度移植的深层变化在于文化的移植,换句话说,一项成功的制度移植首先要有文化的支持。上面对于西方版权集体管理制度顺利实施所依赖的社会文化因素的分析显示,西方社会崇尚自由、个人、理性的文化传统正是在漫长的商业活动中逐渐建立起来的,随之生长的还有对于以权利观念为核心的法治表达的尊重。西方商业文化传统和法治理念对版权制度的实施形成有力支持,版权集体管理制度正是在这种文化的支持下充分发挥其作用,促进版权交易、帮助作品权利人与使用者实现各自的权益。反观中国文化,追求稳定的农业文化心态一方面抑制商业活动的开展,另一方面抗拒社会化大生产的发生;修己以安人的群己关系定位虽然也对个体生命与个性自由表达关注,但这种关注更多出于内圣外王的人格理想和价值目标追求,家族为本位的宗法集体主义文化忽视个人自由与个人权利的实现;文以载道的教化功能注重作品的思想而非形式,述而不作的创作方式往往需要更加开放的心态去对待已有作品的使用——不论是自己还是他人创作的作品。在中国走向近现代化的过程中,传统文化在扬弃中得以发展,传统文化的影响力绵延至今,对现代版权制度的实施形成一定的阻力。

(1) 重农抑商政策与包括版权交易在内的商业活动形成冲突

中国封建社会将农业作为立国之本,农业政策在历朝历代的统治中都占据相当大的比重。《吕氏春秋》对重农思想有表述:"霸王有不先耕而成霸王者,古今无有,此贤者不肖之所以殊也"。这是将农业推崇至成就霸

---

① 裘安曼. 版权史话 [J]. 出版工作. 1987 (01).

业的基础的高度。商鞅变法则从政策上将"尚农"作为富国强兵的基础。变法规定，对粮食生产多的农民免除徭役，使其安心从事农业生产；下令农民固定居住，不得迁徙，实际上是将农民捆绑在土地上，防止农民脱离农业生产。此外还采取了户籍政策，限制不从事农业生产的人群进入到农民的行列，以防止"不作而食"。而在民间，农业生产与国民生活融为一体，中国的许多传统节日，包括最受人们重视的春节，都是由农业节气演化而成，这充分表明中国人日常生活与农业生产的关系何其密切。这样的生产生活环境，自然而然便产生重农思想。在中国人的观念中，农耕是财富的来源。《周易》说："不耕获，未富也。"《象·天妄》中"礼"文化的开创者周公说："呜呼，君子所其无逸，先知稼穑之艰难，乃逸。"这一观点认为，统治者想求得社会的安定，首先必须懂得农耕的重要和农人的艰辛。[①]

然而，国家层面到民间传统都将农业放置在一个至高至重的位置，这就难免冲击到社会生活的其他方面。重农的同时抑制商业发展是中国传统文化的显著特点。从重农抑商思想的起源看，自春秋以来，儒家、道家、法家各学派尽管在治国思想上存在巨大差异，但是在重视农业、轻视工商业方面并没有显著分歧。如孟子劝说梁惠王"不违农时"，同时将商人称为"贱丈夫"；李悝辅佐魏国时，同时采取了"尽地力之教"和"禁技巧"的政策，鼓励发展农业，并且抑止手工业；商鞅变法也明确对工商从业人员的歧视，在对努力从事耕织者免除徭役的同时，下令从事工商而贫者沦为奴隶；荀况主张"工商众则国贫"，认为商业活动会伤害到国家发展；韩非分别用"本""末"来指称农业生产和工商业，重本抑末即源自此。他把从事工商活动的民众看作社会一害，称为"五蠹"之一。其后成为封建统治者治国理念来源的儒家思想同样主张重农抑商，历朝历代的思想家反复宣扬重农的言论不胜枚举，他们将农民看作社会的中坚力量，奉劝统治者"务本"以"安邦"、"重本"而"抑末"。农为本商为末、重农抑商的观念成为传统文化中根深蒂固的思想。

重农抑商的思想直接限制了包括版权交易在内的一切商业活动的发展。商业活动开展的前提是产品存在权属具有交换价值，在商业活动不能自由自发展开的情况下，产品失去实现其交换价值的机会，在这种情况下，甚至对于物品进行权属的界定也是没有意义的。尽管重农抑商的思想在中国近现代化的进程中其落后性已被充分证实和认识，但是文化自身传

---

① 张岱年，方克立. 中国文化概论[M]. 北京：北京师范大学出版社，1994.

承及其产生的深远影响并非在一朝一夕间就能够完全消除。并且，由于长期对于商业活动的歧视和抑制，中国的商业文化失去了充分发育的机会，中国传统文化中没能生长出西方商业传统所具有的诸如平等、自愿、自由竞争的果实。现代版权交易作为实现版权的途径，本身就是一种典型的商业活动，自然也受到商业文化的影响。皮之不存，毛将焉附？版权集体管理制度在版权交易受限的情况下也就无法获得正常运行的环境。

（2）权利观念的淡漠导致版权制度缺乏应有的社会认可

家族本位的宗法集体主义文化忽视个人的权利。中国古代历史的发展不是由奴隶制国家彻底替代氏族社会，中国古代的氏族社会是由血缘纽带联系起来的。在由氏族社会走向国家的过程中，血缘始终是维系整个社会制度的纽带，即所谓家国一体。① 家族本位的宗法制指导各级社会组织的建立。家庭宗族为基本单位，邻里乡党组成村社、城镇，村社与城镇组成社会、国家。这样一种社会结构反过来又为宗法制度和宗法思想的延续提供肥沃的土壤，使之延绵相传。

家族本位的宗法制度以父系家长制的伦理纲常为核心，将个人放置于君臣、父子、夫妇的关系之中，同时通过规定"君臣义、父子亲、夫妇顺"的纲常道德来强化人在群体中的地位和应尽义务。在这样一种规则下，人的主体性无法得到应有的肯定。个人既要依附于国家，还必须依附于家庭，也即所谓"亲亲"、"尊尊"、"亲亲父之首"。因此，个人是包融于外物之中的，人只有在整体性的家族、集团或国家中，才能昭示自己的存在和全部意义，个人的意志、情感也只有在群体关系中才能体现出来。一个没有独立人格的人，是无法主张自己的精神权利的。②

通过对版权制度所依托的西方文化的考察，我们可以看到，版权制度需要的文化基础与宗法集体主义存在冲突。对于版权的认可建立在对个人权利的尊重之上。正因为西方文化以个人主义为社会的价值取向，在个与群体的关系处理上强调满足个人发展的需要，个人意思的表达自由、私有财产的权利才会受到绝对保护。如果说中国传统文化中以家族为本位的宗法集体主义文化强调的是个体在社会群体中的自我从属定位，那么西方文化强调的是个体在群体中平等享受权利和履行义务，而这是版权制度赖以

---

① 袁晓国. 中国历史文化［M］. 北京：高等教育出版社，2006：16.
② 吴汉东. 知识产权法律构造与移植的文化解释［J］. 中国法学，2007（06）.

生存的文化土壤。①

内圣外王的人格理想阻碍知识阶层对权利的主张。作为儒家思想之一，孔子时代并没有明确提出"内圣外王"这一概念。这一概念是出自道家典籍《庄子·天下第三十三》："是故内圣外王之道，暗而不明，郁而不发，天下之人各为其所欲焉，以自为方。"其思想内涵与孔子在《大学》所提到的"大学之道，在明明德，在亲民，在止于至善"这一统治天下的准则不谋而合。内圣外王的人格理想把个人修身的高低看作政治成败的关键，而"格物、致知、诚意、正心、修身、齐家、治国、平天下"则被视为实现儒家"内圣外王"的途径，其中格物、致知、诚意、正心、修身被视为内圣之业，而齐家、治国、平天下则被视为外王之业。"内圣外王"的思想对中国的政治、伦理、文化以及哲学等产生重要影响。

但是，这种主张内向修炼的人格追求不借助外界的帮助，而是依靠主体对于宇宙人生的体会认知来实现。由于这种人格追求缺乏外向的"求知"、"求真"的力量，它不具发展性。"内圣外王"要求的和谐精神是一种由内而外到达对的过程，它要求控制人的内在行为，而道德说教是唯一能够帮助其实现对人的控制的手段。同样，传统的"修身、齐家、治国、平天下"的价值追求要求实现的是身、家、国、天下的融合，而不是凭借对工具理性的掌握来调整、评判主与客、灵与肉、人与自然、人与国家的关系。在这样一种人格理想的支配下，知识阶层在自己的包括知识财产在内的权利受到侵犯的时候，往往尚和谐、求无讼，不敢提出权利的主张。②

(3) 文以载道和述而不作的创作习惯与现代版权保护存在矛盾

"文以载道"是儒家文化对于文章创作持有的基本态度。不论谓之文以载道或者文以贯道还是文以明道，它强调的都是文章的教化功能。文以载道主张文章应该承载社会主流的道德观念，"文"仅仅是一种工具，如果少了"道"的内容，"文"就沦为纯粹的修饰，从而失去价值。宋朝文学家周敦颐在《通书·文辞》中写道："文所以载道也。轮辕饰而人弗庸，徒饰也，况虚车乎。"意思就是说，评价文章优劣的首要标准是其内容是否符合儒家道德规范，如果仅仅是文辞华丽，却不符合儒家道德的要求，那么这样的文字便仅仅是一种没有实质内容的装饰，这样的文章是无法广

---

① 沈广斌. 市场经济·传统文化·西方文化[J]. 南京航空航天大学学报（社会科学版），2000（03）.

② 吴汉东. 知识产权法律构造与移植的文化解释[J]. 中国法学，2007（06）.

为流传的。事实上,"文以载道"也早已经成为中国文艺批评的传统,从历代文艺批评中,这一立场随处可见。"金玉其外,败絮其中"就是批评一部作品空有华丽的外表,而缺乏内在的价值。由此可见,在传统的文章创作中,就作品内容与作品形式的重要性而言,前者更为重要。

"述而不作"语出《论语·述而》"述而不作,信而好古,窃比于我老彭",意思是"传述旧章而不创作",遵循古人的记述。孔子的"述而不作"主张反映了儒家思想对传统的尊重和遵循,体现在文章创作上,经传注疏是古代典籍中最为重要的作品,而在文学艺术作品中,"引经据典"成为传统中国文人最常用的写作方法之一。以唐诗为例,存在所谓的"绝句"和"律诗"的格律,不同诗人遵循相同的格律和规则,且在诗歌中嵌入诸多历史典故,形成一种所谓的属于中国人的"独特的共享智力语库"。因此,在前人的作品上设定私权利,无疑会阻碍对传统知识的传承。[①]

文以载道将文章视为教化的工具,因此注重文章的思想内容而轻视文章的表达,这与现代版权制度中思想与表达两分法原则相冲突。在现代版权制度思想与表达两分法原则下,版权法仅仅保护思想的表达方式而不保护思想自身。[②] 述而不作的创作方法使得作品权利最大限度地公开成为创作本身的需要,这与现代版权制度的垄断性相对立。

5.2
制度失灵的特殊经验:传统的变易观和集体主义价值观对版权集体管理制度运行形成阻力

版权权利的行使需要相应的文化环境支持,这是版权制度运行的一般规律。对于权利的认可是版权集体管理制度运行的一般条件。而就版权的集体管理制度所需要的特定文化支持而言,社会化协作程度、群己关系的价值取向也会影响版权集体管理制度的运行。

中国农耕文明自身蕴含的循环与恒久意识的变易观对于社会化大生产的发生具有天然的排斥,而版权集体管理制度正是依靠社会协作将个人的权利行使调整为集体行为。同时,传统文化中集体主义的群己关系更加强

[①] 赵克祥. 文化冲突与中国版权制度移植——基于典型话语的分析 [J]. 知识产权, 2014 (02).

[②] 肖俊. 现代著作权法中的思想与表达两分法原则 [D]. 厦门大学, 2005.

调人作为其身所处伦理关系中特定坐标应遵守某种行为准则,而非版权集体管理组织所要实现的版权持有人作为独立个体其权利应在集体管理中得到更加规范和充分的实现。

5.2.1 循环与恒久意识排斥社会化大生产的发生

(1) 版权集体管理具有社会化大生产的特征

社会化大生产相对于个体生产,是生产力发展的高级阶段。社会化大生产是一种规模化的、集中的社会生产形式。社会化大生产有三个方面的表现:首先是生产资料的社会化。原本由个人使用的生产资料发展为有大批人共同使用的社会化的生产资料。其次是生产过程的社会化。原本仅为个人进行的一系列生产活动发展为一系列的社会行动,原本分散的生产过程发展为具有社会分工和专业化的彼此协作、不可分割的社会生产过程。再次是劳动产品的社会化。原本作为个人的劳动成果演变为众人共同劳动的成果。[①]

版权集体管理制度是针对版权所进行的资源的管理和调整。版权集体管理通过权利的集中授权许可,进行版权商品交换同时提高交易的效率,实现财富的最大化和资源的优化配置。这一过程具有社会化大生产的全部特征。首先,针对一部分特定版权权利,集体管理将分散于诸多权利人手中的权利以自愿为原则集中起来,准备以集体管理组织的名义统一行使,这一过程是将原本属于个人的版权资源发展为集体管理组织能够共同使用的版权资源;其次,版权集体管理对权利的行使始终以集中授权的形式进行,以集体管理组织的集中授权来代替分散的权利人对分散的使用者的个别授权,以节约授权交易的成本;最后,版权集体管理统一收取版权作品的使用费用并将此收入统一分配给会员,这一过程体现了劳动成果的社会化。

专业分工是社会化大生产最普遍和现实的存在形式,协作将社会化大生产的不同部门紧密联系在一起。版权集体管理正是将创作者从行使版权的工作中解放出来,而将行使版权的工作交付给专门的版权管理组织。这其中,版权集体管理组织尽管是权利人自己的组织,但是在实际的版权管理活动中,并非每一个权利人亲自参与版权的授权和使用费的收取工作,

---

① 文钊,梁周敏.《邓小平文选》第三卷导读[M].北京:时事出版社,1993:336.

而是由权利人选举产生的一部分人员来从事版权管理的相关活动。版权集体管理活动中的专业分工和社会化协作是版权集体管理作为社会化大生产必要的存在形式，同时也是版权集体管理在特定权利的行使上优于权利人单独行使权利的特点所在。

(2) 循环与恒久意识的变易观与社会化大生产的发生存在矛盾

中国文化是典型的农耕文化。水源充足、气候适宜的地理环境为农业生产提供了得天独厚的自然条件。农业于是成为整个文化物质基础的主导和支配力量。几千年来日出而作、日落而息、凿井而饮的农业劳动将农民与土地密切连接，世世代代年复一年从事简单循环的再生产。中国人由此形成安土乐天的国民精神，享受简单循环带来的安稳，追求恒久不变的生命状态。这与现代版权集体管理制度作为社会化大生产所需要的灵活多变的分工协作存在冲突。

循环和恒久意识直接从农业文明中生发出来。"作为一个农业民族，中国人采用的主要是农业劳动力与土地这种自然力相结合的生产方式，他们建立的自然经济社会是一种区域性的小社会，与外部世界处于封闭状态。农民固守在土地上，起居有定，耕作有时。安土重迁是他们的固有观念。"星月流转、季节更替是从事农业生产需要始终关注的世界变化。① 农业生产自身的规律便蕴含着循环与恒久意识的变易观。首先，农业生产的过程历经春播、夏种、秋收、冬藏，寒来暑往，年复一年。农业生产一年为一个周期，一个周期里，农人精耕细作，将种子播撒进土地，悉心照料，直至收获粮食也就是新的种子。这是一个循环往复的过程。作为将农耕作为生产首业的民族，中国人在不断体验农业生产在每一个生产周期内由播种、生长到收获的循环以及四时、四季的周而复始，由此产生一种循环论的思维方式。中国传统文化中金木水火土五行相生相克的公式正是这种循环论思维方式的典型表现。其次，循环往复的生产方式导致社会运行难以出现新的变化，在这样的环境下，非常容易产生恒久意识，中国人热爱岁月静好、现世安稳，因为传统文化中的世界是悠久恒定的，精英文化对"久"的追求体现了这种恒久意识，道家所谓的"天长地久"、"深根固蒂长生久视"，董仲舒儒学所谓"天不变道亦不变"便是这种恒久意识的表达。

接纳循环、追求恒久的变易观反映在社会生产中，便是人们偏向于维

---

① 张岱年，方克立.中国文化概论［M］.北京：北京师范大学出版社，1994.

持简单再生产，抗拒社会化大生产的发生。在农业社会中，自给自足的生产方式完全可以保证一个人的正常生活，而在中国近现代化的过程中，社会生产结构发生巨大变化，工业生产和信息产业的发展已经取代农业成为推动社会经济发展的主要推动力量。但是作为一种文化，循环论和恒久意识的变易观依然在影响着人们对于社会化生产协作的接受和尝试。版权的集体管理是一种规模化的版权授权许可模式，在某种程度上它也是一种社会化大生产，从版权资源的调整到版权商品向财富的转化再到版权收入的分配，无不体现社会化大生产的基本特征。版权集体管理活动中的专业分工与协作需要参与集体管理的个体以开放的心态适应这一灵活变化的权利管理和调整方式，从而实现财富转化的高效和最大化。传统文化中接纳循环、追求恒久的变易观并不利于这样一种社会化大生产协作的自然开展。

5.2.2 集体主义价值观不符合版权集体管理制度人际契约关系要求

（1）版权集体管理以契约关系为条件

在西方文化个人与集体的关系中，强调个人对集体的权利，集体的意义在于将那些仅凭个体力量无法实现的权利通过集体的力量加以实现。在这一过程中，个人在集体中享有的地位和权利内容以自愿、平等为诉求，这就需要一定的机制来约束和控制个人在集体中的行为，以保证集体中的每一个人都能够在不违背自身意志的前提下平等地享有权利。同时，西方文化个人利益的张扬使得集体成员间必须要形成相互的牵制以使彼此追求个人利益的行为不至于伤害到他人的利益。毫无疑问，在集体合意的基础上，以集体规则的形式将每一个人在集体中需遵循的行为方式予以确立是最为经济的选择。于是，广泛的契约成为西方集体组织形成的基础。

西方个人主义所带来的人本身的个人自主、个人自由和个性解放，为西方社会生活人际间建立起广泛的契约关系创造了社会条件。广泛的契约关系明确界定了人们在交换与社会博弈中的权利与义务，这为市场经济的制度化迈出了关键性的一步。在广泛的契约关系中，人际关系抽象化，商品交换不必限定于特定的个人，交换的半径也随之扩大。跨地区、跨城市、跨社会和国家的商品以及劳务交换会更加普遍。①

版权的集体管理正是以广泛的契约关系为条件。版权集体管理是版权持有人与集体管理组织以及作品使用者之间就版权作品的授权许可达成的约定，集体管理组织利用集体的优势实现那些数量众多又分布广泛的权利，会员在自愿入会便平等地享有集体管理组织的一切权利。版权集体管理组织以契约获得作者授权行使权利，又以契约进行版权许可发放。各类版权集体管理组织会员入会以及使用者获得版权许可的过程由一系列协议、合同等契约构成。这些契约规定了版权持有人、作品使用者、集体管理组织等集体管理活动参与各方的权利、义务。契约使版权得以调整，版权的使用不再依赖于作者的亲自授权，版权交易的范围由此更加开阔，权利人的利益因此得到维护。

（2）集体主义价值取向的群己关系缺乏建立契约的需要

与西方迥异的己群关系价值取向使中国在群体约束的形成上走向另一种选择。如上文所述，家庭为本位的集体主义成为中国人处理群己关系的价值取向。不同于基于独立个体建立的西方社会由于缺少家庭成员之间基于伦理的相互制约而依靠宗教等社会化组织来建立行为准则，传统家庭本位的集体主义价值取向要求中国人应当作为其身所处伦理关系中特定坐标而遵守某种行为准则。这里的行为准则通常以伦理道德、风俗习惯甚至各种潜规则等非正式规则为主。人在集体中的行为未必反映个人自主自愿的意志，而是要受到来自集体中他人的制约。个人声誉、人际网络、私人友谊以及个人经验在人们的行为选择中起到重要作用。以契约为形式的正式规则很难在这些非正式规则饱满的群体中寻找到适合其拓展的空间。

传统文化影响至深，家庭依然是当下中国社会构成的基本单位。梁漱溟断言中国社会为"伦理本位"的社会，揭示了中国人的集体主义更倾向于在即便没有血缘关系的群体组织中依然在找寻类似于家庭成员之间的伦理关怀，因此中国人的行为更接受伦理、道德等非正式规则的约束，正式规则特别是源自异质空间的正式规则非常容易在中国社会陷入"水土不服"的困境。版权集体管理作为典型的契约产品显然更加强调参与各方对集体规则的尊重，而非正式规则进入中国社会所遭遇的困难伴随契约建

---

① 韦森. 传播与社会博客，和讯网：http://linkwf.blog.hexun.com/79936033_d.html，最后访问日期：2015-04-18。

立、执行、监督、完善的整个过程。人与人之间广泛的契约关系是版权集体管理活动开展的条件，而传统文化中集体主义价值取向使得人们不会轻而易举地接受契约关系的约束。从 1992 年中国第一家版权集体管理组织——中国音乐著作权协会成立至今，集体管理组织在进行版权许可、维权诉讼等活动中不断遭遇来自权利人、使用者以及社会公众的诸多质疑，这正是因为作为代表版权权利人利益的版权集体管理组织在与权利人的契约达成中存在尚未形成合意的内容，或者作为以自己的名义行使版权管理各项活动的版权集体管理组织在与使用者的契约执行中同样存在诸多尚不能完全被严格遵守的条款规定。如此契约的达成、执行与监督自然无法保证霸权集体管理制度的正常运行。

第6章

中国版权集体管理制度的完善

　　版权集体管理制度是中国版权管理的有机构成。版权集体管理制度的完善仅仅依靠集体管理组织在技术层面的优化是远远不够的。它还需要提供更宏大视野下版权文化和版权制度建设的路径选择。

　　前述对于中国版权集体管理制度无法良性运转的深层次原因分析表明，中国社会关于版权的非正式规则约束对于版权保护的缺失导致了包括集体管理在内的移植自西方的版权制度无法在中国发挥其应有功能。

　　移植西方发达国家成熟的法律制度是中国经济快速融入世界、提升全球竞争力的必然选择。知识经济发展势不可当，版权的交易使用将愈加频繁。将西方更为先进的版权集体管理制度为我所用，能够极大节约制度建设成本，加快中国版权法制建设和中国版权经济参与全球化竞争的步伐。当下中国经济发展的成绩令世界瞩目，对于外来制度有着更加开放和自信的态度。正如鲁迅所言："我们吃东西，吃就吃，若是左思右想，吃牛肉怕不消化，喝茶时又要怀疑，那就不行了，——老年人才是如此；有自信力的人是不至于此的。虽是西洋文明罢，我们能吸收时，就是西洋文明也变成我们自己的了。"① 版权集体管理制度的移植遇到挫折并不意味着制度自身的错误，相反，现实的矛盾指向越明确，越有利于帮助人们寻找完善的路径。

　　在宏观层面，版权法制文化的重构是促使包括版权集体管理在内的版

---

① 鲁迅．关于知识阶级：鲁迅散文精选（下）[M]．郑州：郑州大学出版社，2013：(12)．

权制度有效发挥作用的实现路径。版权文化的重构，需要法律文化层面对现代版权文化理念进行符合国情的阐释，这一过程同时也是在传统文化以及中国当下现实中寻找支持现代版权制度发展的积极因素。这样一种双向的调整能够实现中国版权文化的重构，进而使移植而来的西方版权制度中的正式规则与重构后的中国社会关于版权的非正式规则和谐相容。

中观层面需要思考的，是如何在国家治理的过程中通过经济和政治的手段来达成版权文化重构的目标。版权经济的发展是版权文化建构的内生驱动，而政治力量则是中国国情下推动版权文化形成的不可或缺的外部推动。版权经济获得发展，版权价值才得以充分体现，政治力量的介入和善用，是中国国情下版权制度及其文化建设的必然选择。

而在微观层面，需要针对目前版权集体管理制度的运行机制即版权集体管理组织的设立及运行中存在的争议做出符合现实的判断，从而明确集体管理制度发展的方向，从技术操作层面对这一制度进行完善和优化。

6.1 宏观层面：双向调整下的版权文化重构设想

所谓双向调整，是指一方面在源自西方的版权制度中发现易于融入中国社会的因素，对西方版权文化做出自己的解读；另一方面在中国传统文化和社会现实中寻找支持现代版权文化的积极因素，将其运用于新的版权文化的建构。具体到可选择的路径有两种：其一，对已有的非正式规则做出调整，使之与引进的正式规则相适用；其二，发挥主观能动性，用已有的非正式规则改造移植来的正式规则，实现移植而来的正式规则的本土化。当然，后者不可避免地将导致一些规则的变形或变异。[①]

6.1.1 对西方版权制度进行中国化解读

西方版权制度建立在个人主义价值观基础之上，保护私人权利为其核心理念。随着知识信息传播活动的发展，在私权不可侵犯理念并没有发生动摇的情况下，版权的授予和使用发生新的变化。作品的创作者同时也是作品的传播者和使用者，版权作品的使用中出现了开放和共享的要求。20

---

① 卢现祥. 寻找一种好制度 [J]. 中南财经政法大学学报, 2010 (06).

世纪 90 年代兴起于国际学术界、出版界、信息传播界和图书情报界的开放存取（Open Access，简称 OA）运动就积极推动了科研成果在互联网上的自由传播，其目的在于促进学术信息的交流与出版，提升科学研究的公共利用程度。此外，同样方兴未艾的创作共享许可协议（Creative Commons license，简称 CC 许可）是另一种公共版权许可协议，CC 许可在保证作者对其所创作的作品拥有完全支配权的基础上，允许分发版权作品，即如果作者愿意，其作品可以免费用于非商业用途。而使用或重新分配他人作品的人，他们只要遵守由作者指定的条件，不必担心侵犯版权。不论开放存取抑或创作共享许可，现代西方版权文化已发生深刻改变，版权的私权核心没有发生变化，但是版权的公共责任被更多的版权人认识和强调。概言之，西方版权文化的变化在于，强调在维护其个人权利的同时，也为社会的其他成员服务。

6.1.2　挖掘中国传统文化的现代性因素

中国传统文化中家族本位的集体主义虽然与现代版权文化中对私权的尊重存在深刻的冲突，但是，其影响至今的对于己身之外他人利益的关切确实反映出传统文化良善的内核，"那种富于人情味的和谐功能、那种防微杜渐的内省模式、那种因事制宜的情节理论，其实或多或少含有超越时代的意义。……固有文化无所不在，绝非可以弃之如敝屣的东西"[①]。时至今日，中国文化产业的发展所坚持的双效原则可以佐证传承于今的中国人对他人、对社会积极的担当。而这份担当与西方正在发生的版权文化的更新不谋而合。版权文化的养成，意味着外来文化的转化以及对本土文化的改造。中国版权文化作为版权制度移植并本土化的基本理念，应该既包含对私权的尊重，也包含个人与公众利益的平衡。[②] 挖掘传统文化的现代性因素，首先要对传统文化进行深刻理解，其次要对传统文化做出超越时代的解读。就具体操作思路而言，当下中国方兴未艾的国学学习热潮、传统文化阅读文本进入出版、教育领域的潮流值得鼓励。

总而言之，随着中国文化产业的不断向前发展，越来越多的创作者凭借自身的能力满足了个体生存和发展的需要。尽管作为一项缺乏适宜生存

[①] 季卫东．中国法文化的蜕变与内在矛盾[J]．比较法研究，1987（04）．
[②] 夏扬．法律移植、法律工具主义与制度异化——以近代著作权立法为背景[J]．政法论坛，2013（04）．

土壤的制度，西方版权制度在外力的推动下进入中国，尽管至今人们对于这一制度的认知和了解并不尽如人意，更遑论对该制度文化的认同。但是，不可否认的是，中国版权制度不间断建设的三十余年间，版权的立法、司法与行政管理、民众对于版权的认识水平都在不同程度地成长变化。在对西方版权制度和中国传统文化与社会现实双向的调整下，中国版权文化的建构将融合中西方文化中适宜于培植现代版权制度生长的因素，以利益平衡为核心原则，对移植而来的西方先进的版权正式规则提供支持。

6.2 中观层面：国家治理过程中版权文化建设的路径选择

中西方文化就中国版权文化的建构而进行的双向调整仅仅提示了在宏观层面中国版权文化形成的趋势和目标，它需要来自国家治理实践的支撑。实践中，版权的价值通过版权交易来实现，版权交易规则的建设确保版权交易的公平、合理与规范，从而体现版权的价值。版权经济的发展对于版权交易规则的建立提出迫切要求，而版权交易规则的建立离不开政府的引导和规范。因此，版权经济的发展是版权文化建构的内生驱动，而政治力量则是中国国情下版权文化形成的不可或缺的外部推动力。版权经济和政治推动的合力共同构成版权文化建构的能量来源和运动方向。

6.2.1 版权文化的建设有赖于版权经济的内生驱动

版权因作品的创作而产生，版权制度则是作品作为商品进入市场交换的产物。"从整个世界的版权制度发展过程来看，版权制度的每一步发展都有其根本的经济需求，而版权制度的形成本身其实就具有其特别经济含义。正是版权成为一种专属的特权才造成了版权经济的形成和发展。"[①] 正是因为版权作品的商品化，交易规则的制定才成为一种需要。版权文化本身即是版权经济基础拉动的上层建筑。只有充分发展版权交易，才有内涵丰富的版权文化。

---

① 李正生. 中国版权制度与版权经济发展关系研究［D］. 华中科技大学，2010.

版权经济在当今世界各国经济中都起着举足轻重的作用。世界知识产权组织对包括英国、比利时、新西兰、澳大利亚等国家版权产业进行调研后认为,"一般情况下,版权经济增长速度要比其他经济增长速度高50%以上。比如说这个国家国民经济的增长速度是3.7%,版权可能就是5%或者更高。"① 中国近年来版权经济的增长也令人瞩目。中国新闻出版研究院发布的统计数据显示,2012年中国版权产业的行业增加值已达35674.15亿元人民币,占全国 GDP 的6.87%,其中,包括软件和数据库、新闻出版、广播影视、文化艺术等在内的中国核心版权产业的行业增加值为20598.19亿元人民币,占全国 GDP 的3.97%,占全部版权产业的57.74%,对版权产业行业增加值的贡献较高。② 中国版权经济增长已超过国民经济的平均水平。高速发展的版权经济对健全的版权制度既有需求也是其建设的动力。同时,版权经济的发展也是版权文化形成的内在驱动力量。

6.2.2 版权文化的建设有赖于政治力量的外部推动

中国版权制度的建立开始于被动的移植。随着版权经济的迅速发展,包括版权授予及使用的规则以及相应的版权文化成为制度建设的自身要求。任何一种制度都不会孤立存在,它不可避免地与国家政治、经济、文化发生千丝万缕的联系。因此,制度的移植及其文化的形成是多方面力量共同推动的结果,或者说是多方面利益角逐的产物。中国的版权制度移植其外在推动必然来自政治力量。这一必然性来自两方面:

其一,法律制度与政治原本就是联系非常紧密的两种社会现象,二者相互依存、彼此影响。法律作为规范人类行为的基本准则,在人类社会不断迈向文明的进程中不断丰富,树立其独特的价值追求,并且形成能够与政治力量相抗衡的张力。但是总体而言,在法律制度与政治力量的关系中,法律制度始终处于弱势。在中国封建时代,法律甚至仅仅作为政治的附属品而存在。因此,论及版权制度的建设和版权文化的形成,便离不开政治力量的介入。而在某种意义上,当前中国版权制度及其文化的形成尤其需要借助于政治力量,因为关于现代版权的概念在中国的历史上从未出

---

① 阎晓宏. 关于版权经济价值的三个认识 [J]. 现代出版, 2014 (05).
② 2012年中国版权产业的经济贡献(报告摘要), http://www.chuban.cc/yw/201412/t20141226_ 162477. html. 最后访问日期: 2015 - 03 - 08.

现过，公众对此缺乏认识和信仰，必须借助外力才可能实现人们对于版权制度的接近。[①]

其二，更进一步来看，政治力量的强势甚至决定性作用在中国社会表现得更为明显，中国社会政治力量对于法律制度的影响巨大。古往今来的社会实践对此多有揭示。明末清初资本主义商品经济萌芽，但是最终并未能发展出资产阶级和资本主义制度，究其原因，统治者重农抑商的立国思想以及闭关锁国的经济政策难脱其咎。中国近三十年来在政治、经济、文化领域的全方位取得令世人瞩目的成就，其最初并且始终存在的推动力便是由政治力量秉持的改革开放政策。因此，在版权制度建设和版权文化的形成过程中，同样离不开政治力量的推动。

从目前中国版权制度建立的实践来看，政治力量已然在发挥主动引导和推动的作用。从中国版权立法到版权行政管理再到扶持版权集体管理等版权权利人自己的组织，政治力量无处不在。政治力量的介入，自然会带给版权制度一定的影响，这种影响夹杂政治利益，就当前全球版权制度所发生的变化而言，中国版权制度建设中，政治力量对于版权公共利益要求的强调具有积极意义。而从政治利益自身的需求来看，政治力量的介入对于作为发展中国家的中国与西方发达国家在版权保护诉求存在分歧的情况下，能够最大限度地维护国家利益。

6.3 微观层面：版权集体管理组织的优化

中国现代版权文化以利益平衡为核心，在体现西方版权制度中私权神圣思想的同时，充分吸收传统文化中具有时代超越性的对公共利益的观照。中国版权文化不会绕开版权经济的发展和政治力量的推动而自发形成。版权文化的建构既是包括版权集体管理在内的版权制度所要依托的文化软实力，同时也为中国版权集体管理组织的优化提供了基本的原则。遵循利益平衡这一核心原则，针对中国版权集体管理制度在运行机制即版权集体管理组织的设立及其运行中存在的问题，我们可以尝试对版权集体管理制度进行优化。

---

① 吴汉东. 知识产权法律构造与移植的文化解释 [J]. 中国法学, 2007 (06).

6.3.1　政府间接介入集体管理组织的设立与监督

关于版权集体管理组织的设立与监督，现存的争议本质上在于人们对于版权集体管理组织与政府的关系这一问题存在不同的认识。就集体管理组织的设立而言，中国版权集体管理组织在现阶段尚具有半官方性质。人们的争议在于对这一性质的认可度。而就版权集体管理组织的监督而言，目前发挥主要监督作用的版权行政管理部门在行使权力或职责方面的客观性和中立性缺乏制度保障。

现阶段中国版权集体管理组织的半官方性有其存在的合理性。通过上面对中国版权制度文化形成推动力量的分析我们可以看到，政治的介入是中国国情下版权制度移植必不可少的因素。事实上，并非因为版权具有私人属性便应该排斥一切公权力的介入。任何一种因素都不应该以性质来判定其介入的合理性、合法性，而应该从介入的动机、发挥的作用、达到的效果来评估其是否应该介入。以音著协为例，2008 年 10 月，中国音像著作权集体管理协会开始委托天合集团公司进行收费，天合集团公司加大收费执行力度，作为市场化运作的独立法人，通过大量诉讼维权，在打击版权作品的侵权行为、收取使用费工作中取得显著效果。但是在随后的使用费的分配过程中依然引起轩然大波，招致权利人不满。这说明，集体管理活动的行为主体自身性质并不是决定其管理行为得到认可的关键所在。中国现阶段版权行政管理部门介入版权集体管理组织的设立，赋予其半官方性质，根本的动机在于在将版权集体管理这一制度方法移植进入中国的初期，借助中国人对于公权力的尊重，帮助和扶持集体管理组织在短时期内树立起权威性，从而顺利开展工作，促进版权交易和版权人权利的实现。在既缺乏基本的版权意识，同时又缺乏公众了解的情况下，政府的支持是版权集体管理组织获得信任最快捷的方式。而权利人对于集体管理组织的信任则是版权集体管理活动的基本前提。

值得注意的是，从成本的角度出发，政府有能力以低于企业等私人组织的成本从事某些社会管理活动，如介入版权集体管理组织的设立与监督，但是这并不意味着其介入的整体的成本是更低的。因为这其中还存在政府行政成本。考虑到行政成本，受到政治压力形成的没有任何竞争的约束力并不一定导致更高的效率。版权集体管理针对的是版权的交易，它具有天然的市场属性，政府直接的管制可能会对其市场竞争力的培育形成某种阻碍。因此，政府的间接管理是更有分寸的行为。

至于对版权集体管理组织的监督，一方面，政府的间接管理能够使其在某种程度上保持与版权集体管理组织之间的距离，提高其监督的质量。另一方面，建议借鉴德国集体管理组织的监督机制，设置一个独立的中央级别的监督仲裁机构，将集体管理组织纳入完全可控的监管范围。

6.3.2 关于权利人与集体管理组织之间的关系

有关中国版权集体管理组织权利人与集体管理组织之间关系的争议，主要集中在延伸管理和专属授权的合理性、信托关系的适用性等问题。

（1）垄断并非是导致版权集体管理组织缺乏活力的原因

版权集体管理组织的延伸管理，涉及对非会员的管理，实行延伸管理，实际上是将集体管理组织的会员待遇覆盖到该作品领域的全部作者，对于非会员作者而言，这里存在一定的强制垄断；版权集体管理专属授权的规定，则是将会员在授权合同中的权利垄断于集体管理组织，排除会员在协议中的权利另外授权的可能。又因为《条例》限制在同一领域设立多家集体管理组织，因此，专属授权实际上意味着现有五大版权集体管理组织不论对权利人还是使用者来说，都是授予和取得作品使用的唯一渠道，具有明显的垄断性质。

事实上，版权集体管理组织的存在将自由分散的权利集中，这种权利调整模式本身就具有垄断的属性。赋予集体管理组织垄断地位的意义在于：首先，便于集体管理组织在面对数量众多、技术先进的传媒组织和使用者时具有一定的权威性，提升议价能力，从而更好维护作者的权利；其次，由于集体管理组织的垄断和延伸管理的存在，使用者能够通过与最少的谈判对象谈判而获得最多的作品使用权限，大大降低交易成本和侵权风险；最后，更少数量的集体管理组织及其更大的覆盖范围更便于监管机构对其进行监督管理，同时也更容易形成影响力促进自身建设。因此，并非垄断意味的限制自由竞争即是保守、退步，自由竞争也是有适用性的。德国对于版权集体管理组织的垄断性就有明确的规定。

当然，就中国的现状而言，确实存在现有版权集体管理组织缺乏活力的问题，适当引入竞争或许是激发现有版权集体管理组织潜力的一种方式。此外，关于垄断问题的讨论，追根究底，是人们对于集体管理组织的认同度欠缺所引发的。相应的，如果版权集体管理组织能够得到更多权利人和使用者的认同，无须通过法律规定来获得事实上的垄断性。因此，平息争议的最根本做法是忠实履行其职能从而获得更多认同。

（2）代理较之于信托更符合当下中国版权集体管理的实际

关于版权集体管理组织与权利人另外一个值得讨论的问题是关于二者的法律关系定位。目前从相关法律法规的规定来看，版权集体管理组织与权利人之间是信托关系。信托是资产管理的一种方式。信托关系的基础是当事双方彼此的信任，同时，受托人为了委托人的利益而以自己的名义从事资产的管理。就中国版权集体管理的实际情况，这样的条件并不存在。

第一，在中国版权集体管理实践中，权利人和集体管理组织并没有形成坚实的合意，双方没有建立起良好的信任。特别是权利人对于集体管理组织并没有更多的认同感，反映权利人不满情绪的文章屡见报端。在这种情况下，很难实现真正的信托管理。

第二，法律法规规定版权集体管理组织以自己的名义进行版权的管理和维护。但是在现实中，类似活动屡遭挫折，很难展开。2003年音著协诉滚石公司的案例是一个真实写照。德国版权集体管理组织每年的收入有相当大的一部分来自侵权诉讼赔偿，但是中国版权集体管理组织在诉讼主体资格的认定上缺乏信心，以自己的名义进行维权的诉讼数量有限，这一职能没有得到很好履行。

因此，中国版权集体管理组织与权利人之间的信托关系名存实亡，造成资源浪费。代理是指代理人以被代理人（又称本人）的名义，在代理权限内与第三人（又称相对人）实施民事行为，其法律后果直接由被代理人承受的民事法律制度。相比较而言，基于目前权利人对于版权集体管理组织不完全信任的现实，版权集体管理组织在履行其职能时更多尊重权利人本人的意思表示，并规避由于集体管理活动而可能出现的风险，更容易发挥其中介作用，帮助权利人实现其版权利益。

6.3.3 关于集体管理组织与使用者之间的关系

集体管理组织与使用者之间存在的问题主要集中在使用费收取的方式和标准上。

中国版权集体管理组织采用一揽子许可的方式向使用者发放授权。版权集体管理组织依据或考虑使用作品、录音录像制品等的时间、方式和地域范围，权利的种类，订立许可使用合同和收取使用费工作的繁简程度等因素，实行打包计价。一揽子授权不按每一部作品计算费用，概括许可的方式可以将版权交易成本降到最低,大大提高授权的效率。可以说,一揽子授权是版权集体管理的核心内容,也是国际通行的一种做法。特别是在音乐作品使用极为普遍的广播、背景音乐、卡拉 OK 歌厅等领域,使用版权作品数量众多,如果严格按照每一部作品去收取使用费,其工作量之大不可想象,与版权集体管理集中授权初衷背道而驰。但是,一揽子授权及其相应的收费标准确实存在忽视市场供求关系变化、模糊不同作品在实际使用中存在巨大差异的问题。目前收费能够考虑到作品使用的时间、场所、权利种类等因素,但总体而言依然较为粗放。

在肯定一揽子授权方式合理性的同时,建议进一步细化目前收费的标准。例如,目前对于卡拉 OK 营业场所的收费是以包间每天为计费标准,全国不同省份实行差别定价。但是这里存在的问题是,地区经济发展不平衡是中国经济最为显著的特点之一,具体到某一种类的营业机构,其所处同一省份不同城市、同一城市不同区县、同一区县不同地段,都将对其经营产生巨大的影响。因此,尽管目前的收费标准已经显示出版权集体管理组织对使用者根据实际情况分别对待的诚意,但是依然需要进一步完善和细化。信息时代的数据搜集技术相比较传统社会有了突飞猛进的发展,版权集体管理组织或可积极寻求技术帮助,以使费用的收取尽可能接近现实。

此外,还可参照德国等版权集体管理制度较为健全的国家收取使用费的特殊方式。比如德国音乐表演权和机械复制权联合会(GEMA),每年总收入中有一半以上不是通过正常的合同执行来收取,而是通过对侵权行为的法律诉讼获得的。中国版权集体管理组织在依法维权问题上有明确的法律法规作为保障,不应该因为维权初期所遭遇的挫折而止步不前。在目前版权侵权现象依然比较严重的情况下,中国版权集体管理组织更应该积极履行维权职能,在版权保护中发挥其应有的作用。[1]

---

[1] 戚增媚. 我国著作权集体管理制度优化研究 [D]. 黑龙江大学,2007.

第7章

结　论

　　版权的意义在于承认和实现作者劳动的价值。版权制度建设的根本目的在于揭示版权的意义，给予创作者应有的尊重。制度的建设是异常艰难和复杂的过程，版权集体管理制度的完善与优化仅仅是中国版权制度建设的一个微小的方面。

　　包括版权集体管理在内的版权制度在外力推动下进入中国，与国际接轨却未能在本土获得充分认可。新制度经济学视角下关于制度构成的观点及法律移植理论都将影响法律规则有效实施的关键所在指向版权文化的建构。通过对中国版权文化建构目标、支持路径的分析我们发现，中国版权文化的核心在于利益平衡，当我们用这一原则去衡量关于版权集体管理的诸多争议时是非利弊立见眼前。利益平衡涉及各种不同的利益关系，就版权制度而言，公共利益与私人利益之间的平衡是其关注的核心。而公共利益不仅与权利相关，更与权力结构存在固有的联系。因此，中国版权制度和文化并不限于对私权的利益关照，它将始终伴随政府权力的介入。此为结论之一。

　　中国传统文化家族本位的集体主义观念影响深远。在中国社会全面现代化的进程中，传统文化也以己之精华融外来之先进理念，趋于形成新的文化。正如鲁迅先生所言，"虽是西洋文明罢，我们能吸收时，就是西洋文明也变成我们自己的了"，家族本位的集体主义观念在给我们的生活注入伦理关怀的同时，也悄然发生变化，西方文明中人作为独立个体的价值开始令中国人好奇与推崇。诸如电影《杜拉拉升职记》、"我是歌手"等文化产品的风靡正在向人们展示这一变化。传统的家族本位文化正在被解构，人的职业角色、社会身份等集中体现个体独立价值的标签得到凸显。

这是大众层面中国人自我意识和个体独立精神的醒悟。版权本质上是一种个人垄断的权利，中国民众对于个体独立价值的认可呼应了版权的本质属性。中国版权制度与文化将在未来的发展中呈现越来越多对私权的尊重与维护。此为结论之二。

版权集体管理制度作为中国版权制度的一部分，在中国版权保护和使用的实践中发挥着独特的作用。版权集体管理制度的完善与优化同样离不开版权文化的支持，而中国版权文化中政治权力的始终伴随排除了将集体管理组织设立和运行纳入完全自由竞争的路径。但是随着版权经济的继续繁荣以及政府职能的现代化转变，集体管理组织的设立和运行或可引入一定程度的竞争机制。集体管理限于交易成本高于收益的权利或者交易双方难以通过协商实现的权利，而实现这些权利的成本和困难很大程度上源自使用场所的分散和数量的庞大。中国广阔的地域和众多的人口加剧了版权集体管理所需要解决的问题的难度。通过对国外经验的考察，结合中国实际，在同一领域允许存在若干个版权集体管理组织能够为权利人和使用者提供更多选择，进而激发集体管理组织的活力，使其在维护权利人利益、实现版权价值的活动中有更大作为。此为结论之三。

参 考 文 献

1. 中文著作

[1] 吴汉东. 知识产权基本问题研究. 北京：法律出版社，2005.

[2] [美] 诺思. 制度、意识形态和经济绩效 [M]. 杭行译. 上海：格致出版社，2008.

[3] [美] 罗纳德·科斯. 社会成本问题. 财产权利与制度变迁 [M]. 刘守英等译. 上海：上海三联书店，1999.

[4] [英] 洛克. 政治论 [M]. 李健吾译. 北京：商务印书馆，1981.

[5] 董晓波. 市民精神与宪政——西方法治传统 [M]. 北京：对外经贸大学出版社，2009.

[6] [美] 庞德. 通过法律的社会控制——法律的任务 [M]. 沈宗灵、董世忠译. 北京：商务印书馆，1984.

[7] 吴晓玲. 宋明理学视野中的法律 [M]. 北京：群众出版社，2006.

[8] [美] 诺思. 制度、意识形态和经济绩效 [M]. 杭行译. 上海：格致出版社，2008.

[9] 徐琳. 移植与成长——中国立法听证制度的政治学分析 [M]. 北京：中国社会科学出版社，2011.

[10] 刘作翔. 法律文化理论 [M]. 北京：商务印书馆，1999.

[11] 何勤华，李秀清. 外国法与中国法——20世纪中国移植外国法反思 [M]. 北京：中国政法大学出版社，2003.

[12] 卢现祥. 新制度经济学 [M]. 武汉：武汉大学出版社，2011.

[13] 李新，刘军梅. 经济转型比较制度分析 [M]. 上海：复旦大学出版社，2009.

[14] 邹涛. 美国华人商文学跨文明比较研究 [M]. 北京：中国社会科学出版社，2012：93.

[15] 张岱年，方克立. 中国文化概论 [M]. 北京：北京师范大学出版社，1994.

[16] 袁晓国. 中国历史文化 [M]. 北京：高等教育出版社，2006.

[17] 鲁迅. 关于知识阶级·集外集拾遗 [M]. 北京：人民文学出版社，1959.

[18] 李明山. 中国版权保护制度研究 [M]. 开封：河南大学出版社，2009.

[19] 郑成思. 知识产权法论 [M]. 法律出版社，2003.

[20] 洛克. 政府论 [M]. 叶启芳，瞿菊农译. 北京：商务印书馆，1996.

[21] 刘春田. 知识产权法 [M]. 北京：中国人民大学出版社，2000.

[22] 世界知识产权组织. 著作权与邻接权法律术语汇编 [M]. 刘波林译. 北京：北京大学出版社，2007.

[23] 吴汉东. 西方诸国著作权制度研究 [M]. 北京：中国政法大学出版社，1998.

[24] 周林，李明山. 中国版权史研究文献 [M]，北京：中国方正出版社，1999.

[25] 李林. 立法理论与制度 [M]. 北京：中国法制出版社，2005.

[26] 郑成思. 版权法 [M]. 北京：中国人民大学出版社，1997.

2. 中文期刊、报纸文章

[1] 阎晓宏. 关于版权经济价值的三个认识 [J]. 现代出版，2014（05）.

[2] 韦之. 论著作权集体管理机构管理的权利——关于著作权法修订稿的思考 [J]. 法商研究. 1999（03）.

[3] 杨照光，叶新. 国际音乐著作权集体管理组织发展近况 [J]. 出版参考，2012（03 上）.

[4] 张洪波. 加强著作权集体管理，完善作者授权通道 [J]. 传媒，2010（08）.

[5] 陈凤兰. 数字环境下著作权集体管理组织角色重构. 中国出版，2013（10）.

[6] 汤兆志. 中国著作权集体管理法律制度的理论与实践 [J]. 中国出版，2014（02）.

［7］李香玉．延伸性著作权集体管理研究［J］．法学杂志，2013（08）．

［8］张维胜．延伸著作权集体管理的规定应当取消［J］．编辑之友．2012（10）．

［9］林子英．著作权集体管理在司法实践中的问题（上）［J］．中国出版，2013（05）．

［10］林子英．著作权集体管理在司法实践中的问题（下）［J］．中国出版，2013（05）．

［11］阎晓宏．中国版权制度的实施与展望［J］．中国版权，2010（06）．

［12］卢海君，洪毓吟．著作权延伸性集体管理制度的质疑［J］．知识产权，2013（02）．

［13］王华．集体管理组织与权利人法律关系的重新定位［J］．华北电力大学学报（社会科学版），2013（10）．

［14］贺卫方．中国司法管理制度的两个问题［J］．中国社会科学，1997（06）．

［15］夏扬．《著作权法》修改中的文化冲突［J］．中国出版，2012（18）．

［16］孙新强．论作者权体系的崩溃与重建——以法律现代化为视角［J］．清华法学，2014（02）．

［17］刘作翔．作为对象化的法律文化——法律文化的释义之一［J］．法商研究（中南政法学院学报），1998（04）．

［18］吴汉东．知识产权法律构造与移植的文化解释［J］．中国法学，2007（06）．

［19］常青．论著作权集体管理制度：法经济学的视角［J］．法学杂志，2006（06）．

［20］郝铁川．中国法制现代化与移植西方法律［J］．法学，1993（09）．

［21］王勇．法律移植研究与当代中国的法律现代化［J］．法制与社会发展，2008（04）．

［22］张文显．继承·移植·改革：法律发展的必由之路［J］．社会科学战线，1995（2）．

［23］沈宗灵．论法律移植与比较法学［J］．外国法译评，1995（01）．

[24] 高涤陈. 东西方商业文化差异与贸易 [J]. 财贸经济, 1999 (08).

[25] 朱培元. 论商业文化的功能与基本形态 [J]. 兰州商学院学报, 1997 (01).

[26] 蔡文浩. 浅谈商业文化的涵义及其本质特征 [J]. 社科纵横, 1991 (01).

[27] 高涤陈. 东西方商业文化差异与贸易 [J]. 财贸经济, 1999 (08).

[28] 沈广斌. 市场经济·传统文化·西方文化 [J]. 南京航空航天大学学报（社会科学版）, 2000 (03).

[29] 贺卫方. 中国司法管理制度的两个问题 [J]. 中国社会科学, 1997 (06).

[30] 刘成安. 简论基督教对西方法治主义形成的影响——兼及中国古代的法治论 [J]. 社会科学研究（成都）, 1998 (03).

[31] 汤维建. 试论美国的民事诉讼法律文化 [J]. 法律科学（西北政法学院学报）, 2000 (03).

[32] 余军. 论宪法中的"人的形象" [J]. 浙江学刊, 2011 (06).

[33] 裘安曼. 版权史话 [J]. 出版工作, 1987 (01).

[34] 吴汉东. 知识产权法律构造与移植的文化解释 [J]. 中国法学, 2007 (06).

[35] 赵克祥. 文化冲突与中国版权制度移植——基于典型话语的分析 [J]. 知识产权, 2014 (02).

[36] 刘利. 著作权集体管理制度的欧盟经验及其对我国的启示 [J]. 中国版权, 2013 (06).

[37] 卢旺存. 德国著作权保护机构及著作权集体管理协会 [J]. 社科纵横, 1999 (05).

[38] 卢现祥. 寻找一种好制度 [J]. 中南财经政法大学学报, 2010 (06).

[39] 季卫东. 中国法文化的蜕变与内在矛盾 [J]. 比较法研究, 1987 (04).

[40] 夏扬. 法律移植、法律工具主义与制度异化——以近代著作权立法为背景 [J]. 政法论坛. 2013 (04).

[41] 阎晓宏. 中国的版权保护的现状与发展态势 [J]. 中国法律, 2007 (02).

[42] 王留彦. 我国著作权法近代化的动因与路径研究 [J]. 出版发行研究, 2013 (05).

[43] 李真. 知识产权司法保护与行政保护应相协调 [J]. 中华商标, 2012（05）: 33-34.

[44] 吴汉东. 法哲学家对知识产权法的哲学解读 [J]. 法商研究, 2003（05）.

[45] 阎晓宏. 版权满足文化需求, 也带来社会财富 [J]. 新华文摘, 2008（1）.

[46] 张国庆, 杨建成. 信息公开与权力平衡: 新时期中国政府有效监督的现实路径 [J]. 天津社会科学, 2009（3）.

[47] 冯晓青. 网络环境下私人复制著作权问题研究 [J]. 法律科学, 2012（03）.

[48] 谢雪凯. 网络服务提供者第三方责任理论与立法之再审视 [J]. 东方法学, 2013（02）.

[49] 江涛. 法律实践中网络著作权保护与规制问题研究 [J]. 中国出版, 2012（07）.

[50] 耿雁冰. 知识产权保护将转向司法保护为主 [N]. 21世纪经济报道, 2012-06-13.

[51] 姜旭. 我国版权产业对国民经济的贡献保持稳定增长 [N]. 知识产权报, 2014-12-31.

[52] 王志成. 版权执法面临形势和任务（下）[N]. 中国新闻出版报, 2011-12-08.

[53] 包宵林. 文化消费的十大特征 [N]. 中国文化报, 2009-01-29.

3. 学位论文

[1] 彭辉. 基于文化产业发展的版权保护优化研究 [D]. 同济大学, 2011.

[2] 肖俊. 现代著作权法中的思想与表达两分法原则 [D]. 厦门大学, 2005.

[3] 咸增媚. 我国著作权集体管理制度优化研究 [D]. 黑龙江大学, 2007.

[4] 李正生. 中国版权制度与版权经济发展关系研究 [D]. 华中科技大学, 2010.

4. 互联网资料

[1] 高行乐. 中华人民共和国驻慕尼黑总领事馆经济商务室, http://

munich. mofcom. gov. cn/article/ztdy/200512/20051201130908. shtml. 最后访问时间：2015 – 03 – 10.

［2］ ASCAP 官网，http：//www. ascap. com/about/.

［3］ 美国国家版权局办公室官网，http：//copyright. gov/docs/musiclicensingstudy/.

［4］ CNN 网站，http：//money. cnn. com/2014/11/17/media/aloe – blacc – music – royalties.

［5］ 2012 年中国版权产业的经济贡献（报告摘要），http：//www. chuban. cc/yw/201412/t20141226_ 162477. html，最后访问时间：2015 – 03.

5. 英文文献

［1］ Nye, William W. Some Economic Issues in Licensing of Music Performance Rights：Controversies in Recent ASCAP – BMI Litigation ［J］. Journal of Media Economics. 2000，Vol. 13 Issue1，p15.

［2］ Minjeong Kim. The Creative Commons and Copyright Protection in the Digital Era：Uses of Creative Commons Licenses ［J］. Journal of Computer – Mediated Communication. Nov 2007，Vol. 13 Issue1，pp187 – 209.

［3］ McIntyre, Gary. The Performance Rights Act：Radio Broadcasting Faces Major Challenge in Long Battle Against Music Licensing ［J］. Journal of Radio & Audio Media. Jul 2010，Vol. 17 Issue2，pp135 – 150.

［4］ Dent, Alexander S. Intellectual Property in Practice：Filtering Testimony at the United States Trade Representative ［J］. Journal of Linguistic Anthropology. Aug 2013，Vol. 23 Issue2，pp48 – 65.

［5］ Werner, Ray; Griffiths, L. C. ; Duggan, Michael A. REGULATION OF MONOPOLISTIC METHODS ［J］. Journal of Marketing. Winter 81，Vol. 45 Issue1，pp134 – 137.

［6］ Horowitz, Irving Louise. Publishing, property, and the National Information Infrastructure ［J］. Publishing Research Quarterly. Spring 95，Vol. 11 Issue1，pp40 – 45.

［7］ Lynden, Frederick C. A research agenda for libraries ［J］. Publishing Research Quarterly. Fall 94，Vol. 10 Issue3，pp36 – 50.